Dieva spēks

Nemūžam vēl nav dzirdēts, ka kāds būtu atvēris acis cilvēkam, kas neredzīgs piedzimis. Ja Viņš nebūtu no Dieva, Viņš neko nevarētu darīt (Jāņa, 9:32-33).

Dieva spēks

Dr. Džejs Roks Lī

 URIM
BOOKS

Dieva spēks Dr. Džejs Roks Lī
Originally published in Korean by Urim Books
(Representative: Johnny. H. Kim)
851, Kuro-dong, Kuro-gu, Seoul, Korea
www.urimbooks.com

Lī, Džejs Roks
ISBN: 979-11-263-1183-5 03230
Dieva Spēks / Tulk. no korej. dr. Kunjangs Čuns.

Priekšvārds

Lūdzos par to, lai Dieva Radītāja spēkā un vēstī par Jēzu Kristu visi ļaudis iepazītu ugunīgos Svētā Gara darbus...

Es pateicos Dievam Tēvam par to, ka Viņš svētījis mūs, lai publicētu atsevišķā svētrunu izdevumā to, ko esmu runājis 2003. gada maijā XI Speciālajā atmodas konferencē. Svētrunu tēma bija „Spēks", daudzās liecības, kuras bagātīgi pagodina Dievu.

No 1993. gada, drīzumā pēc desmitās Centrālās baznīcas „Manmin" jubilejas, Dievs sāka dāvāt daudziem šīs draudzes locekļiem patiesu ticību. Piedaloties ikgadējā divu nedēļu atmodas konferencē, viņi sāka iegūt īstu garīgu dzīvi.

Caur galveno atmodas konferences tēmu 1999. gadā, „Dievs ir Mīlestība", Viņš atļāva draudzes „Manmin" locekļiem piedzīvot svētības, saprotot patieso Evaņģēlija jēgu, piepildīt mīlestības likumu un pieaugt līdzībā Kungam, kurš parādīja sava spēka brīnumus.

Lai ļaudis visā pasaulē piedzīvotu apbrīnojamo Dieva Radītāja spēku, sadzirdētu vēsti par Jēzu Kristu un iepazītu ugunīgos Svētā Gara darbus uz jaunās tūkstošgades sliekšņa, 2000. gadā, Dievs svētīja mūs, lai atmodas konferenci pārraidītu caur satelītu Mugun-Ghva un starptautisko Interneta tīklu. Jau 2003. gadā vairāk kā no trīssimt Korejas draudzēm un no piecpadsmit citu valstu draudzēm, to locekļi ņēma dalību atmodas konferencē.

Grāmatas „Dieva spēks" mērķis – iepazīstināt lasītājuar procesu, kura rezultātā cilvēks nāk pie Dieva un iegūst Viņa spēku, dažādiem šī spēka līmeņiem ieskaitot Visaugstāko Radīšanas Spēku, kas pārsniedz cilvēka saprašanas robežas un ar vietām, kurās sevi atklāj Dieva spēks.

Dieva Radītāja Spēks nonāk uz ticīgo tādā mērā, kādā viņš ir kļuvis līdzīgs Dievam, kurš ir Gaisma. Vēl vairāk, kļūstot par vienu veselu ar Dieva Garu, ticīgais var iegūt spēku, ko mums parādījis Jēzus. Tas iespējams, jo mūsu Kungs devis apsolījumu: „Ja jūs paliekat Manī un Mani vārdi paliek jūsos, jūs varēsiet lūgt, ko gribat, tas jums notiks,"(Jāņa 15:7).

Es pats personīgi esmu izjutis prieku un laimi, atbrīvojoties no septiņu gadu agonijas un slimībām. Lai kļūtu par kalpotāju ar

Spēku un līdzinātos Kungam, es gavēju un lūdzos vairāku dienu garumā, pēc tā kā biju aicināts par Kunga kalpotāju. Jēzus mums saka: „Kaut tu varētu ticēt! Tas visu spēj, kas tic,"(Marka 9:23). Es lūdzos un ticēju vēl arī tādēļ, ka paļāvos uz Jēzus apsolījumu: „Patiesi, patiesi Es jums saku: kas Man tic, tas arī tos darbus darīs, ko Es daru, un vēl lielākus par tiem darīs, jo es noeju pie Tēva," (Jāņa 14:12). Rezultātā, caur ikgadējo atmodas konferenci Dievs parādīja mums brīnumainas zīmes un brīnumus, sūtīja neskaitāmas dziedināšanas, atbildēja uz daudzām lūgšanām. Vēl vairāk, atmodas konferences otrās nedēļas laikā, 2003. gadā, Dievs izlēja savu dziedinošo spēku uz tiem, kas nespēja redzēt, staigāt, dzirdēt.

Neskatoties uz pastāvīgo medicīnas progresu, redzi un dzirdi zaudējušiem neiespējami izārstēties bez iejaukšanās no augšas. Taču Visvarenais Dievs parāda savu spēku tādā veidā, ka pēc lūgšanas, kas izteikta no katedras, atgriežas dzīvība atmirušajās nervu šūnās, un ļaudīm atgriežas spēja redzēt, dzirdēt, runāt. Bez tam, slimajiem iztaisnojas izliektie mugurkauli, bet locekļi iegūst tādu kustīgumu, ka tiem vairs nav vajadzības pēc kruķiem, spieķiem un invalīdu ratiem. Viņi pieceļas uz savām kājām un iet.

Apbrīnojamais Dieva spēks pārvar gan laiku, gan telpu. Atmodas tikšanās dalībnieki caur satelīttelevīzijas un Interneta palīdzību, tāpat sajuta Dieva spēku, par ko liecības līdz pat šim laikam ienāk mūsu draudzē.

Tādēļ svētrunas, kas teiktas 2003. gadā, atmodas konferencē, - kuras laikā daudz cilvēku piedzima no augšienes caur patiesības Vārdu, ieguva jaunu dzīvi un glābšanu, saņēma atbildes uz lūgšanām un dziedināšanu, sajuta Dieva spēku un pagodināja Viņu, - tika sakopotas kopā un publicētas atsevišķā izdevumā.

Es īpaši pateicos Gimsanam Vinam, izdevniecības biroja direktoram un visiem līdzstrādniekiem, un tāpat tulkotāju birojam, par viņu pašaizliedzīgo darbu un centību.

Lai katrs no jums sajūt Dieva Radītāja spēku, lai sadzird Labo Vēsti par Jēzu Kristu, lai sāk liecināt par liesmainajiem Svētā Gara darbiem un, lai jūsu dzīve piepildās ar prieku un laimi! Lūdzos par to mūsu Kunga Vārdā!

Džejs Roks Lī.

Ievads

Obligāts lasījums un ceļvedis priekš katra, kas vēlas iegūt patiesu ticību un sajust apbrīnojamo Dieva spēku.

Es pateicos un slavēju Dievu par to, ka Viņš atļāva mums nopublicēt, kā vienotu svētrunu krājumu svētrunas no XIdivu nedēļu Speciālās atmodas konferences ar dr. Džeju Roku Lī, kas notika 2003. g. maijā un parādīja pasaulei daudzus Dieva apbrīnojamā spēka izpausmes piemērus.

Grāmata „Dieva Spēks" iegremdēs mūs taustāmā svētību pasaulē, jo sastāv ne tikai no deviņām svētrunām, kas izskanējaatmodas konferencē, bet arī no dažu ticīgo liecībām, kas personīgi pārliecinājušies par Dzīvā Dieva un Jēzus Kristus Evaņģēlija spēku.

Pirmā svētruna „Ticēt Dievam", veltīta Dieva personībai, ticības Viņam nozīmei un ceļiem, lai satiktos ar Viņu.

Otrā svētruna „Ticēt Kungam" izskaidro Jēzus atnākšanas mērķi uz zemes, izskaidro kādēļ tikai Jēzus ir mūsu Glābējs, un kādēļ mēs saņemam glābšanu un atbildes uz lūgšanām, ticot Kungam Jēzum.

Trešā svētruna „Trauks, brīnišķīgāks par dārglietām", iepazīstina lasītāju ar to, kā kļūt Dieva acīs par vērtīgu, labu un brīnišķu trauku, kas piepildīts svētībām.

Ceturtā svētruna „Gaisma", izskaidro garīgās gaismas jēdzienu, runā par to, kā jārīkojas, lai satiktos ar Dievu, kas ir Gaisma un par svētībām, kas izlejas pār staigājošiem Gaismā.

Piektā svētruna „Gaismas spēks" izskata četrusdažādus Dieva spēka līmeņus, kas parādās caur atšķirīgām gaismas krāsām un parāda dažādu dziedināšanu saņēmušo liecības. Vēl vairāk, svētrunā detalizēti izskaidrots Visaugstākās Radīšanas Spēks, neierobežotais Dieva spēks un veidi, kā iegūt Gaismas spēkus.

Aprakstot to, kā aklais no dzimšanas saņem redzi pēc satikšanās ar Jēzu un pievedot dziedināto liecības no pilnīga vai daļēja akluma, sestā svētruna „Aklo acis atveras", palīdzēs jums no pirmavotiem saņemt zināšanas par Dieva Radītāja spēku.

Septītā svētruna „ļaudis celsies, lēkās un staigās", detalizēti stāsta par slimā dziedināšanu, kas nāca Jēzus priekšā pateicoties savu draugu palīdzībai. Šī svētruna tāpat iepazīstina lasītāju ar dažādiem ticības varoņdarbiem, kurus viņiem jāparāda Dievam, lai piedzīvotu tādu spēku arī mūsu dienās.

Astotā svētruna „Tauta priecāsies, dziedās un dejos", stāsta par kurlmēmā dziedināšanu, kas nostājās Jēzus priekšā, iepazīstina ar to, kā arī šodien mēs varam piedzīvot šo dziedinošo spēku.

Beigās, devītā svētruna „Nemainīgais Dieva nodoms" satur pravietojumus par pēdējām dienām un par Dieva plānu Centrālajai „Manmin" draudzei. Pats Dievs atklāja tos vēl pie draudzes „Manmin" dibināšanas, vairāk kā pirms divdesmit gadiem.

Šeit tie precīzi izskaidroti.

Mūsu Kunga Jēzus Kristus vārdā es lūdzos par neskaitāmo ļaužu daudzumu, kuri caur šo grāmatu iegūs patiesu ticību, sajutīs Dieva Radītāja spēku, kļūs par Svētā Gara traukiem un piepildīs Viņa gribu.

Gimsans Vins
Izdevniecības biroja vadītājs.

Saturs

1. Svētruna

Ticēt Dievam

Vēst. Ebrejiem 11:3

„Jo ticībā mēs noprotam, ka pasaule ir radīta Dieva Vārda spēkā, ka no neredzamā cēlies redzamais,"

Alelujā! Es pateicos un slavēju Dievu, mūsu Debesu Tēvu, par to, ka Viņš svētījis mūs, lai novadītu XI divnedēļu Speciālo atmodas konferenci.

No 1-ās Ikgadējās divnedēļu Speciālās atmodas konferences 1993. gada maijā, daudz ļaužu turpina liecināt par Dieva spēka darbiem, kuriem pateicoties nedziedināmi slimie iegūst dziedināšanu, bet neiespējamais priekš mūsdienu zinātnes kļūst iespējams. Pēdējo 11 gadu laikā, kā arī teikts Marka Evaņģēlijā 16:20, Dievs apstiprina savus vārdus ar dažādām zīmēm.

Pateicoties dziļas jēgas piepildītām svētrunām par tēmu, ticība, taisnība, miesa un gars, labais un gaisma utt. Dievs pievedis daudz draudzes „Manmin" locekļus pie apslēptās garīgās sfēras iepazīšanas. Vēl vairāk, pateicoties atmodas sapulcēm Dievs ļāva mums kļūt tiešiem Viņa spēka lieciniekiem, un vēsts par šīm tikšanām izplatījās pa visu pasauli.

Jēzus saka mums Marka Evaņģēlijā 9:23: „Kaut tu varētu ticēt! Tas visu spēj, kas tic." Tādēļ, ja mums ir patiesa ticība, tad priekš mums nav nekā neiespējama, un mēs varam iegūt visu ko lūdzam.

Kam tad mums jātic un kādai jābūt šai ticībai? Ja neiepazīsim Dievu patiesi un nenoticēsim Viņam pienācīgā veidā, tad nevarēsim nākt saskarē ar Viņa spēku, nesadzirdēsim Viņa atbildes uz saviem jautājumiem. Tādēļ tik svarīga pareiza sapratne un ticība Dievam.

Kas ir Dievs?

Pirmkārt, Dievs ir sešdesmit sešu Bībeles grāmatu autors. 2. vēst. Timotejam 3:16, atgādina mums: „Visi šie raksti ir Dieva iedvesti." Bībele sastāv no sešdesmit sešām grāmatām, kas sarakstītas ilgā laika periodā, no trīsdesmit četriem dažādiem cilvēkiem 1600 gadu laikā. Taču pats apbrīnojamākais katras Bībeles grāmatas aspekts ir tas fakts, ka neskatoties uz daudzajiem zemes autoriem, šīs visas grāmatas parāda iekšēju saskaņu, Rakstu veselumu. Citiem vārdiem, Bībele ir Dieva Vārds, ko pierakstījuši Dieva iedvesmoti cilvēki dažādos vēstures periodos. Tieši caur Bībeli Dievs atklāj sevi ticīgajiem. Tādēļ tie, kas tic, ka Bībele ir Dieva Vārds un seko tam, saņem Viņa apsolījumus, svētības un labvēlību.

Tālāk, Dievs saka par sevi: „Es Esmu, kas Es Esmu" (2. Mozus 3:14). Atšķirībā no rokām darinātiem elkiem mūsu Dievs ir īsts Dievs, kas nav radīts un ir no mūžības laikiem. Vēl vairāk, mēs varam aprakstīt Dievu ar tādu vārdu, kā „mīlestība" (1. Jāņa vēst. 4:16), „gaisma" (1. Jāņa vēst. 1:5) un visa dzīvā tiesnesi laiku beigās.

Bet vairāk par visu mums jāgodā Dievs kā Visuvarošs, visa esošā, debesu un zemes Radītājs. Viņš ir Visvarens Dievs, kurš parāda savu apbrīnojamo spēku no pasaules radīšanas momenta un līdz pat šai dienai.

Visa esošā Radītājs.

1. Mozus 1:1, sacīts: „Iesākumā Dievs radīja debesis un zemi." Vēstulē Ebrejiem 11:3 teikts: „Jo ticībā mēs noprotam, ka pasaule ir radīta Dievs Vārda spēkā, ka no

neredzamā cēlies redzamais."

Laiku sākumā Dievs savā spēkā radīja Visumu no nekā. Savā spēkā Viņš radīja vēl Sauli, Mēnesi un debesis, augus un kokus, putnus un dzīvniekus, jūru, visu, kas tajā, un tāpat arī cilvēku.

Neskatoties uz to, daudz ļaužu nespēj noticēt Dievam Radītājam, tādēļ ka pasaules radīšanas koncepcijas vienkārši ir pretrunā ar viņu dzīves pieredzi un zināšanām. Piemēram, tādi ļaudis nevar saprast to, ka Dievs radījis gan cilvēci, gan kosmosu no nekā.

Evolūcijas teorija ir viens no pasaules skaidrojumiem par cilvēka rašanos. Tās piekritēji uzskata, ka dzīvība radās pati no sevis, nejaušības rezultātā. Ļaudis, kas noraida, ka visumu radījis Visvarenais Dievs, nonāk pie visu Svēto Rakstu noliegšanas. Viņi nevar noticēt aizkapa dzīves eksistencei, Paradīzei un ellei, tādēļ ka to nav redzējuši savām paša acīm, atsakās atzīt, ka Dieva Dēls nonāca uz zemes kā cilvēks, bija piesists krustā, augšāmcēlās un pacēlās Debesīs.

Taču, jo vairāk progresē zinātne, jo vairāk kļūdas saskatāmas evolūcijas teorijā, tajā pat laikā pasaules radīšanas teorija paliek pilnībā pārliecinoša. Neskatoties uz stingru zinātnisku pierādījumu trūkumu, daudzi piemēri liecina par labu radīšanas teorijai.

Liecības, kas apstiprina Dievišķo pasaules radīšanas teoriju.

Minēsim kaut vai vienu piemēru. Šodien eksistē vairāk kā divsimts valstu un daudz vairāk – dažādu tautību cilvēku. Pie tam, neatkarīgi no ādas krāsas – vai tā balta, melna vai dzeltena, - visiem cilvēkiem divas acis, viens deguns, divas nāsis utt. Šis piemērs attiecas ne tikai uz cilvēkiem, bet arī uz putniem debesīs, zivīm jūrā, uz abiniekiem. Pat neskatoties uz ļoti garo snuķi, zilonim vienalga ir divas nāsis. Kā cilvēkiem, tā arī dzīvniekiem, putniem un zivīm viena mute un to izvietojums praktiski identisks. Orgānu novietojums var būt ar zināmām atšķirībām, bet to galvenā struktūra vienāda.

Vai gan tas varēja rasties „nejaušības" rezultātā? Vai tā nav pārliecinoša liecība tam, ka neskaitāmi ļaudis, dzīvnieki, putni un zivis radītas ar vienu Radītāja roku? Visdrīzāk Radītājs viens, ja viss dzīvais radīts pēc vienotas shēmas.

Papildus tam, kā dabā, tā arī visā Visumā var atklāt lielu daudzumu citu liecību, kuras noved pie domas par Radītāju. Vēstulē Romiešiem 1:20, teikts: „Viņa neredzamās īpašības, gan Viņa mūžīgais spēks, gan Viņa dievišķība, ir skaidri saredzamas Viņa darbos, tāpēc viņiem nav ar ko aizbildināties."Dievs ir visa esošā Arhitekts un Radītājs, tieši tādēļ Viņa eksistence nav apgāžama.

Pravieša Habakuka 2:18-19, Dievs mums dara zināmu: „Ko tad līdz kokā izgrieztais elka tēls, ko veidojis izgriezējs, vai arī izlietā neīstā dieva tēls, uz ko gan paļaujas tā darinātājs, kaut arī apzinādamies, ka viņš izveidojis tikai mēmu elku. Bēdas tam, kas kokam saka: uzmosties! – un mēmam akmenim: piecelies! Ko gan var mācīt tāds elks? Redzi, tas ir gan pārklāts ar zeltu un sudrabu, un tomēr tajā nav nekāda dzīva gara."Ja tu pielūdz elkus un nezini par Dievu, attīri savu sirdi, nožēlojot un atzīstoties grēkā.

Neapgāžamās bībeliskās liecības par to, ka Dievs ir Radītājs.

Neskatoties uz neskaitāmajām liecībām par Dieva eksistenci, daudzi ietiepjas savā neticībā. Lai pārliecinātu neticīgos, Dievs parāda mums savu spēku. Ar brīnumu palīdzību, kas nav iespējami cilvēkam, Dievs ļauj mums noticēt Viņa eksistencei.

Bībele vēsta par daudzajiem brīnumiem un Dieva spēka zīmēm. Sarkanā jūra pašķīrās, radot izraēliešiem ceļu, saule apstājās vai virzījās atpakaļ, no debesīm nonāca uguns. Sāļais ūdens pārvērtās saldūdenī, klintī radās avots. Mirušie atgriezās dzīvē, slimie izveseļojās no slimībām, kaujā uzvara tika vājākajiem.

Ticot Visvarenajam Dievam un lūdzot Viņu par dziedināšanu, cilvēks var sajust pie sevis brīnumainu Visaugstākā spēka darbību. Tādēļ arī Bībele tik daiļrunīgi liecina par Dieva spēku, aicinot mūs ticēt un iegūt svētības.

Kopumā, Dieva brīnumi nebeidzas ar Bībeles stāstiem. Dievs ir nemainīgs. Arī mūsu dienās glabājot uzticību paša solījumiem, caur neskaitāmām zīmēm un Svētā Gara darbiem, Viņš Sevi atklāj patiesi ticīgiem visā pasaulē. Marka Evaņģēlijā 9:23, Jēzus mums apliecina: „Kaut tu varētu ticēt! Tas visu spēj, kas tic." Bet Marka Evaņģēlijā 16:17-18, Kungs atgādina mums: „Bet šīs zīmes ticīgiem ies līdz: Manā Vārdā tie ļaunos garus izdzīs, jaunām mēlēm runās, tie ar rokām pacels čūskas, un, kad tie dzers nāvīgas zāles, tad tās tiem nekaitēs. Neveseliem viņi rokas uzliks, un tie kļūs veseli."

Dieva spēks parādās Centrālajā „Manmin" baznīcā.

Draudze, kurā es kalpoju kā vecākais mācītājs, Centrālā „Manmin" baznīca, ne vienu vien reizi liecinājusi par Dieva Radītāja darbiem, sludinot Labo Vēsti līdz zemes galiem. No draudzes dibināšanas 1982. gadā un līdz šim laikam baznīca „Manmin" pievedusi un pieved daudz ļaužu pie glābšanas, pateicoties Dieva Radītāja spēkam. Visievērojamākā Dieva spēka darbība parādās slimo dziedināšanā. Daudz ļaužu ar „neārstējamām" slimībām, tādām, kā vēzis, tuberkuloze, paralīze,

„Pateicos par manas dzīves glābšanu ...
Man stāvēja priekšā dzīve uz kruķiem...,

Es varu staigāt...
Tēvs, Tēvs, pateicos!"

Diakone Džoanna Parka,
invalīde, nometa kruķus un sāka staigāt,
saņemot aizlūgumu.

cerebrālā trieka, bruka, artrīts, leikēmija u.t.t. bija dziedināti. Dēmoni pameta apsēstos, kroplie un paralizētie nostājās uz kājām. Pēc lūgšanas cietušie no apdegumiem atbrīvojās no jebkādām rētām vai sakropļojumiem. Atrodošies komā galvas traumas rezultātā, vai no saindēšanās ar tvana gāzi, nāca pie samaņas. Pēc lūgšanas pat tie, kam jau bija apstājusies elpošana, saņēma dziedināšanu.

Laulātie, kuri nevarēja ieņemt bērnus pēc pieciem, septiņiem, desmit un pat divpadsmit gadiem kopdzīves, pēc lūgšanas saņēma svētību pēcnācēju veidā. Daudzums kurlo, aklo, mēmo pagodināja Dievu, iegūstot spēju dzirdēt, redzēt un runāt.

Neskatoties uz mūsdienu medicīnas progresu, zinātne vēl aizvien nav spējīga atjaunot atmirušās nervu šūnas un ārstēt iedzimtu aklumu un kurlumu. Tomēr Visspēcīgajam Dievam arī tas ir pa spēkam, jo Viņš var radīt visu no nekā.

Es pats esmu piedzīvojis Dieva Visuvarošo spēku. Līdz tam, kā es sāku Viņam ticēt, es septiņus gadus biju uz dzīvības un nāves robežas. Slimība bija pilnībā pārņēmusi manu ķermeni,

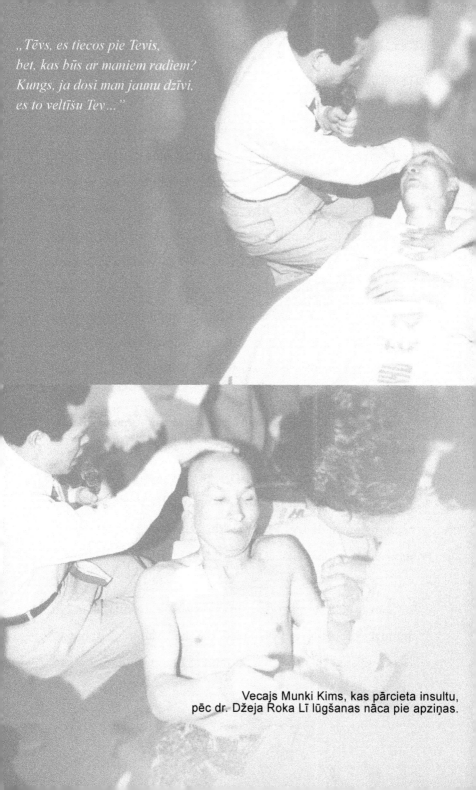

„Tēvs, es tiecos pie Tevis,
bet, kas būs ar maniem radiem?
Kungs, ja dosi man jaunu dzīvi,
es to veltīšu Tev..."

Vecajs Munki Kims, kas pārcieta insultu,
pēc dr. Džeja Roka Lī lūgšanas nāca pie apziņas.

izņemot vienīgi acis. Ārsti sauca mani par „dzīvu slimību kolekciju." Es vērsos gan pie rietumu medicīnas, gan pie austrumu, ārstējos ar dabīgām zālītēm, lāča un suņa žulti, ar simtkāju ekstraktu, un pat ekskrementiem. Nekas nelīdzēja, lai kā arī centās ārsti un pūšļotāji. 1974. gada pavasarī es iekritu dziļā depresijā, bet piepeši notika neiedomājamais. Tajā pašā momentā, kā es satiku Dievu, Viņš izdziedināja mani no visām slimībām un vainām. No tā laika Dievs vienmēr pasargāja mani, un es ne reizi neesmu slimojis. Pat pie viegla vājuma es Viņam lūdzos, un man tūlīt pat kļuva labāk.

Izņemot vēl mani pašu un manas ģimenes locekļus, daudzi baznīcas „Manmin" apmeklētāji patiesi sākuši ticēt Dievam un tādēļ neslimo un nav atkarīgi no medicīnas. Pateicībā Visžēlīgajam Dievam Dziedinātājam daudzi no tiem, kuriem brīnumainā veidā atgriežas veselība, kļuvuši dedzīgi mācītāji, vecaji, diakoni un diakones, Dieva līdzstrādnieki.

Dieva spēks ne tikai dziedina no vainām un slimībām. No draudzes dibināšanas 1982. gadā, daudzi „Manmin" draudzes locekļi sāka liecināt par neskaitāmiem Dieva brīnumiem, kad pēc lūgšanām apstājās lietus, vētras norima vai mainīja kustības virzienu. Piemēram, katru gadu jūlijā vai augustā draudze rīko vasaras nometni. Pat ja pārējā Dienvidkorejas daļa cieš no vētrām un plūdiem, mūsu atpūtas bāze nemainīgi paliek neskarta. Daži „Manmin" draudzes locekļi redzējuši varavīksni pat sausās dienās.

Bet ir arī vēl vairāk apbrīnojams Dieva spēka aspekts. Tas parādās pat tad, kad es netiešā veidā lūdzos par slimajiem. Daudz ļaužu pagodinājuši Dievu, saņemot dziedināšanu un svētību caur „Lūgšanu par slimajiem", kas ir izteikta no baznīcas katedras, caur videoierakstiem un lūgšanu pārraides caur internetu vai pa telefonu.

Vēl vairāk, Apustuļu 19:11-12, teikts: „Dievs darīja neparastus brīnumus ar Pāvila rokām, tā ka pat sviedru autus un priekšautus no viņa miesas uzlika neveseliem , un slimība tos atstāja, un ļaunie gari no tiem izgāja." Līdzīgā veidā lakati un jostas pār kuriem es lūdzos demonstrē apbrīnojamo Dieva spēku.

Vēl arī, kad es uzliku rokas uz slimo fotogrāfijām un lūdzos par viņiem, dziedinošais spēks pārvar laiku un telpu. Manu lielo Evaņģelizācijas pasākumu laikā tiek dziedināti slimie no dažādām saslimšanām, tajā skaitā tie, kas cieš no vēža un AIDS, jo Dieva spēks nonāk uz viņiem, neatkarīgi no laika un vietas, kur viņi atrodas.

Sajust Dieva spēku.

Vai tas nozīmē, ka ikviens ticīgais Dievam var sajust apbrīnojamo Dieva spēku, saņemt atbildes uz lūgšanām un svētības? Daudzi vārdos apliecina ticību Dievam, bet ne visi sajūt Spēku. Jūs varat sajust Viņa spēku, tikai kad jūsu ticība parādās darbos, kad Dievs atzīst jūsos „patiesi ticīgo" Viņam.

Dievam pat viens vien nākšanas uz baznīcu fakts un piedalīšanās dievkalpojumā jau ir „ticības" apliecināšana. Tomēr, lai iegūtu patiesu ticību, pēc kuras tev būs dziedināšana un atbilde uz lūgšanām, tev jāsadzird un jāsaprot, kas ir Dievs, kāpēc Jēzus - Glābējs, jāizprot, ka elle un Paradīze eksistē. Kad sapratīsi, nožēlo grēkus, pieņem Kristu kā Glābēju, pieņem Svēto

Garu un iegūsti Dieva bērna tiesības. Tas ir pirmais solis uz patiesu ticību.

Patiesi ticīgie darbos liecina par Dievu. Dievs redz ticības darbus un piepilda viņu siržu vēlmes. Savukārt sajutušie Viņa spēku parāda Dievam tīkamu ticības piemēru.

Izpatīkot Dievam ar ticības darbiem.

Pievedīsim dažus piemērus no Bībeles. Pirmkārt, 2. Ķēniņu grām. 5. nodaļa stāsta par Naamanu. Valstī, kas saucās Arama, bija kara virspavēlnieks vārdā Naamans. Viņš komandēja sīriešu karapulkus, kad armija uzvarēja valstij izšķirošā stundā. Naamans mīlēja savu valsti un uzticīgi kalpoja savam ķēniņam. Valdnieks viņu ļoti cienīja, bet ģenerālis mocījās no slēptas kaites, par kuru neviens nezināja.

Naamans cieta ne tādēļ, ka viņam trūktu bagātības vai slavas. Naamans bija izmisis un dziļi nelaimīgs dzīvē, tādēļ ka bija spitālīgs. Tajā laikā šī slimība bija neārstējama. Naamans cieta no hroniskas vainas un prieka dzīvē viņam nebija, bet kādu reizi viņš izdzirdēja labas ziņas. Maza meitenīte, kura bija saņemta gūstā no Izraēla zemes un, kura kalpoja Naamana sievai, izstāstīja, ka Samarijā ir pravietis, kurš viņu izdziedinātu no spitālības. Nebija nekā tāda, ko Naamans neizdarītu, lai saņemtu dziedināšanu, tādēļ viņš izstāstīja ķēniņam par savu slimību un par to, ko teica kalpone. Izdzirdējis par to, ka viņa uzticamais ģenerālis var tikt dziedināts no spitālības, ja brauks uz Samariju un nokļūs pie pravieša, ķēniņš ar prieku piekrita palīdzēt Naamanam un pat uzrakstīja vēstuli par viņu Izraēlas ķēniņam.

Naamans paņēma sev līdzi desmit talentus sudraba, sešus tūkstošus seķeļu zelta, desmit kārtas drēbju, ķēniņa vēstuli un devās uz Izraēlu. Vēstulē bija teikts: „Lūk, es sūtu pie tevis Naamanu, savu kalpu, lai tu viņu atbrīvotu no spitālības," (6p). šajā laikā Sīrija bija spēcīgāka par Izraēlu. Izraēlas ķēniņš saplēsa savas drēbes un teica: „vai tad es esmu Dievs, ka viņš sūta pie manis, lai es noņemtu no cilvēka viņa spitālību?" Kad Elīsa, Izraēliešu pravietis, uzzināja par to, tad atnāca pie ķēniņa sacīdams: „Kāpēc tu esi savas drēbes saplēsis? Ļauj, lai tas vīrs atnāk pie manis un lai tas atzīst, ka patiesi vēl ir kāds pravietis Izraēlā!" (8p). Kad Izraēliešu ķēniņš aizsūtīja Naamanu uz Elīsas māju, tad Elīsa nesatikās ar ģenerāli, bet tikai sūtīja vēstnesi un lika tam pateikt: „Ej un mazgājies septiņas reizes Jordānā, tad tava miesa kļūs atkal vesela un tu būsi šķīsts!" (10p). Naamans nokļuva diezgan neveiklā situācijā. Viņš bija nogājis visu garo ceļu ar zirgiem un pajūgiem, atnācis pie pravieša nama un, kas tagad, tas ar viņu ne tikai nesasveicinājās, bet pat nesatiekas ar viņu? Virspavēlnieks sadusmojās. Viņš domāja, ka ja pats armijas komandieris no spēcīgākas valsts nāks vizītē, tad pravietis viņu priecīgi uzņems un uzliks tam rokas. Tā vietā Naamanu sagaidīja auksta pravieša pieņemšana, kurš sūtīja viņu apmazgāties Jordānā- kādā mazā un netīrā upē. Sadusmots Naamans nolemj atgriezties mājās: „Redzi, es domāju, ka viņš taču iznāks pie manis ārā un stāvēs manā priekšā un piesauks Tā Kunga sava Dieva, Vārdu, un ar savu roku braucīs slimo vietu un atņems spitālību. Vai Amana un Farfara, Damaskas upes nav labākas nekā visi Izraēlas ūdeņi, ka es tanīs nevarētu mazgāties, lai kļūtu šķīsts?" (11-12p).

Bet kalpi pierunāja savu kungu paklausīt Elīsam. Kas notika, kad Naamans septiņas reizes iegremdējās Jordānā, kā viņam lika Elīsa? Viņa ķermenis kļuva tīrs, kā maza bērna miesa. Naamans pilnībā bija dziedināts no spitālības, kura radīja viņam tik daudz ciešanu. Naamana paklausība Dieva cilvēkam pilnībā dziedināja viņu no neārstējamas slimības, un ģenerālis atzina Dzīvo Dievu un Elīsu.

Otrkārt, Pirmā Ķēniņu grām. 3. nodaļā stāstīts par ķēniņu Salamanu, kurš upurēja tūkstoti dedzināmo upuru Dievam. Ar šo upuru palīdzību Salamans parādīja ticības darbus, lai saņemtu no Dieva atbildi uz lūgšanām un saņēma daudz vairāk par to, ko lūdza.

Priekš tā, lai veiktu tūkstoti dedzināmo upuru, vajag sevi veltīt ticībai. Dedzināmo upuru pienešana prasa dzīvnieku notveršanu un pienācīgu tā sagatavošanu, lai pienestu upurim. Cik laika, līdzekļu un pūļu bija vajadzīgs, lai veiktu upurēšanu tūkstoš reižu? Ja ķēniņš Salamans neticētu dzīvajam Dievam, viņš nekad nenodemonstrētu tādu centību.

Ieraudzījis Salamana ticību, Dievs dāvāja viņam ne tikai gudrību, par kuru Viņam lūdza ķēniņš, bet arī tik daudz bagātības un goda, cik nebija nevienam citam tā laika valdniekam.

Beidzot Mateja Evaņģēlijā 15. nodaļā mēs atrodam stāstu par Kānaāniešu sievieti, kuras meita bija nežēlīgu dēmonu mocīta. Viņa atnāca pazemīgi Kristus priekšā, palūdza par meitas dziedināšanu, un viņas sirds ilgas gala rezultātā piepildījās. Tomēr, neskatoties karstiem sievietes lūgumiem, Viņš neatbildēja viņai: „Viss kārtībā, tava meita ir dziedināta." Tā vietā Jēzus teica: „Nav labi atņemt maizi bērniem un mest to sunīšiem," (26p). Viņš salīdzināja sievieti ar suni. Ja ne viņas ticība, viņa justos pazemota un sadusmotos. Taču šie Jēzus vārdi nemaz neizšaubīja viņas ticību. Viņa parādīja vēl lielāku pazemību, sakot: „Tā ir Kungs! bet arī sunīši ēd druskas, kuras nokrīt no viņu kungu galda." Izdzirdējis tādu atbildi, Jēzus nopriecājās par Kānaānietes ticību un tūlīt pat izdziedināja viņas meitu.

Līdzīgā veidā, ja ticīgais grib saņemt dziedināšanu un atbildi uz lūgšanu, viņam jātic līdz beigām. Vēl vairāk, ja tev ir ticība, pēc kuras var saņemt Viņa svētības, tad tev fiziski jānostājas Dieva priekšā.

Protams, Dieva spēks apbrīnojamā veidā izlejas pār Centrālo

„Manmin" draudzi,un tādēļ var notikt dziedināšanas arī ar lakatu, pār kuriem es lūdzos palīdzību; vai arī pēc fotogrāfijas. Bet tomēr katram jānāk uz baznīcu pašam, protams, ja viņš nav saistīts pie gultas vai neatrodas ārzemēs. Ja kāds cieš no plānprātības, vai ir dēmonu apsēsts un tādēļ nevar patstāvīgi nostāties Dieva priekšā, tad līdzīgi Kānaāniešu sievietei, viņa vecākiem vai radiniekiem jālūdz par slimo Dieva priekšā ar ticību un mīlestību.

Papildus tam, ir arī daudzas citas ticības liecības. Piemēram, patiesi ticīgā sejā vienmēr var lasīt laimi un pateicību. Marka 11:24, uzrakstīti Jēzus vārdi: „Visu, ko jūs lūgsiet, ticiet, ka jūs dabūsiet, tad tas jums notiks."Ja jums ir patiesa ticība, jūs vienmēr būsiet laimīgi un vienmēr pateiksieties Dievam. Untam, kas apliecina ticību Dievam, jāstaigā pēc Viņa Vārda. Dievs ir Gaisma, tādēļ jums jāstaigā Gaismā un jāpilnveidojas.

Dievam tīkami ticības darbi, Viņš atbild uz mūsu sirds vēlmēm. Vai jums ir tāda ticība un labprātība, kas patīk Dievam?

Vēstulē Ebrejiem 11:6, apustulis atgādina mums: „Bet bez ticības nevar patikt. Jo tam, kas pie Dieva griežas, nākas ticēt, ka

Viņš ir un ka Viņš tiem, kas Viņu meklē, atmaksā."

Saprotot pa īstam, kas ir ticība Dievam, pierādot to, jūs patiksiet Viņam, sajutīsiet Viņa spēku, un būsiet svētīti. Es lūdzos par to mūsu Kunga Jēzus Kristus vārdā!

2. SVĒTRUNA

Ticēt Kungam

Vēst. Ebrejiem 12:1-2

„Tāpēc tad arī, kur ap mums visapkārt tik liels pulks liecinieku, dosimies ar pateicību mums noliktajā sacīkstē, nolikdami visu smagumu un grēku, kas ap mums tinas un raudzīsimies uz Jēzu, ticības iesācēju un piepildītāju, kas Viņam sagaidāmā prieka vietā krustu ir pacietis, par kaunu nebēdādams, un ir nosēdies Dieva tronim pa labai rokai,"

Daudz ļaužu šodien dzird vārdu „Jēzus Kristus." Taču apbrīnojami, ka tik daudzi paliek neziņā, kāpēc Jēzus ir vienīgais cilvēces Glābējs un, kāpēc saņemt glābšanu var vienīgi ticīgie Jēzum Kristum. Vēl satraucošāk, ka daži kristieši nav spējīgi atbildēt uz šiem jautājumiem, kaut tie tieši saistīti ar viņu glābšanu. Tas nozīmē, ka tādi kristieši dzīvo Kristū, nesaprotot visu garīgo svarīgumu un šo jautājumu jēgu.

Sekojoši, tikai patiesi saprotot Kristus glābšanas misiju, Viņa pieņemšana un patiesas ticības iegūšana dod iespēju sajust Dieva spēku.

Daži uzskata Jēzu par vienkārši vienu no četriem lieliem ticības skolotājiem. Citi redz viņā tikai vien kristietības dibinātāju, tādu cēlsirdīgu taisno, kas izdarījis daudz laba saviem laikabiedriem.

Taču tiem no mums, kas kļūst par Dieva bērniem, jāliecina,

ka Jēzus ir cilvēces Glābējs, kurš izpircis visu ļaužu grēkus. Kā mēs varam salīdzināt vienīgo Dieva Dēlu Jēzu Kristu, ar mirstīgajiem cilvēkiem, ko radījis Dievs? Starp citu, pat Jēzus laikā ļaudīm bija dažāda attieksme pret Viņu.

Dieva Radītāja Dēls, Glābējs.

Mateja Evaņģēlija 16. nodaļā, aprakstīta epizode, kurā Jēzus jautā saviem mācekļiem: „Ko ļaudis saka par Cilvēka Dēlu, kas Viņš esot?" (13p). Citējot dažādu ļaužu viedokli apustuļi atbildēja: „Citi saka Jānis Kristītājs, citi Elija, vēl citi Jeremija vai kāds no praviešiem (14p). Tad Jēzus jautāja apustuļiem: „Bet ko tad jūs par Mani sakāt, kas Es esmu?" (15p). Pēteris atbildēja: „Tu esi Kristus, Dzīvā Dieva Dēls" (16p). Jēzus tā noreaģēja uz to: „Svētīgs tu esi Sīmani, Jonas Dēls, jo miesa un asinis tev to neatklāja, bet Mans Tēvs, kas ir debesīs," (17p). Caur daudziem lielajiem Dieva spēka darbiem, ko parādīja Jēzus, Pēteris sāka ticēt, ka Viņš ir Dieva Radītāja Dēls, cilvēces Glābējs.

Iesākumā Dievs radīja cilvēku no pīšļiem, pēc sava tēla un līdzības un ievietoja viņu Ēdenes dārzā. Šajā dārzā bija dzīvības koks un laba un ļauna atzīšanas koks. Dievs pavēlēja pirmajam cilvēkam Ādamam: „No visiem dārza kokiem ēzdams ēd, bet no laba un ļauna atzīšanas koka tev nebūs ēst, jo tajā dienā, kad tu ēdīsi no tā, tu mirdams mirsi," (1. Mozus 2:16-17).

Pagāja kāds laiks un pirmie cilvēki Ādams un Ieva, čūskas sakārdināti, kuru bija sūtījis sātans, pārkāpa Dieva pavēli. Beigu beigās viņi ēda no laba un ļauna atzīšanas koka un tika izdzīti no Ēdenes dārza. Tā rezultātā Ādama un Ievas pēcnācēji mantoja viņu grēcīgo dabu. Vēl vairāk, Dievs teica Ādamam, ka viņu gaida nāve un tas nozīmē, ka viņa pēcnācēju gars bija nolemts bojā ejai.

Tādēļ vēl pirms vēstures sākuma Dievs sagatavoja glābšanas ceļu – Dieva Radītāja Dēlu, Jēzu Kristu. Apustuļu darbos 4:11-12, teikts: „Šis ir akmens, ko jūs, nama cēlāji, esat atmetuši un kas kļuvis par stūra akmeni. Nav pestīšanas nevienā citā, jo nav neviens cits vārds zem debess cilvēkiem dots, kurā mums lemta pestīšana."Izņemot Jēzu Kristu vēsture nezin nevienu citu, kuru vēl varētu nosaukt par cilvēces Glābēju.

Dieva nodoms, apslēpts no laiku iesākuma.

1. vēstulē Korintiešiem 2:6-7, teikts:„Gudrību arī mēs sludinām, bet pilnīgajiem, ne šīs pasaules gudrību, ne arī šīs pasaules valdnieku gudrību, kas lemta iznīcībai, bet mēs sludinām Dieva gudrību noslēpumā, apslēpto gudrību, ko Dievs paredzējis no mūžības laikiem, lai mūs celtu godā..." 1. vēstule Korintiešiem 2:8-9, turpinot šo domu, atgādina mums: „... to nav atzinis neviens šīs pasaules valdnieks, jo, ja tie to būtu atzinuši, tad tie nebūtu krustā situši Godības Kungu. Bet tā ir kā rakstīts: ko acs nav redzējusi un auss nav dzirdējusi un kas neviena cilvēka sirdī nav nācis, to Dievs ir sagatavojis tiem, kas Viņu mīl."Mums nepieciešams saprast, ka Jēzus Kristus un Viņa mokas pie krusta – vienīgais ceļš uz glābšanu, ko Dievs sagatavojis līdz laiku sākumam, un tajā – apslēpta Dieva gudrība.

Kā Radītājs, Dievs valda pār Visumu un vada cilvēces vēstures gaitu. Ķēniņš vai prezidents vada valsti, saskaņā ar zemes likumiem, korporācijas vadītājs vada padotos saskaņā ar nolikumiem, ģimenes galva vadās pēc ģimenes tradīcijām. Dievs – visa esošā Radītājs un Īpašnieks – pārvalda Visumu pēc garīgiem likumiem, kas aprakstīti Bībelē.

Pēc garīgā likuma ir, ka „Grēka alga ir nāve," (vēst. Romiešiem 6:23). Tā vainīgie tiek sodīti un saņem grēka izpirkšanas iespēju. Dievs izmantojis šo likumu, lai izpirktu mūsu grēkus un atjaunotu varu, ko ienaidnieks velns, Ādama nepaklausības rezultātā nolaupījis.

Kāds ir likums, pēc kura cilvēce var tikt izpirkta, bet vara, kas dota pirmajam cilvēkam Ādamam, atņemta ienaidniekam velnam? Saskaņā „ar likumu par zemes izpirkšanu", Dievs sagatavojis glābšanas ceļu cilvēcei vēl pirms vēstures iesākuma.

Jēzus Kristus atbilst visām likuma prasībām par zemes izpirkšanu.

Dievs deva izraēliešiem „likumu par zemes izpirkšanu", kurš ietver sekojošo: zemi nevar pārdot uz visiem laikiem, jo tā pieder Dievam; ja zemes īpašnieks nonāk trūkumā un pārdod zemi, tad viņa tuvs radinieks var izpirkt pārdoto, atjaunojot dzimtas īpašumu (3. Mozus, 25:23-28).

Dievs jau iepriekš zināja, ka Ādams parādot nepaklausību pazaudēs varu, ko saņēmis no Dieva. Vēl vairāk, kā visa Radītā sākotnējais pārvaldītājs, Dievs tiešām atdeva velnam varu un godu, ko kādreiz bija dāvājis Ādamam, paklausot garīgajam likumam. Tādēļ velns varēja kārdināt Jēzu Kristu tādiem vārdiem: „Es Tev došu visu šo varu un šo godību, jo tā man nodota, un, kam es gribu, tam es to varu dot. Ja Tu mani pielūgsi, tad viss tas būs Tavs," (Lūkas 4:6-7).

Saskaņā ar likumu par zemes izpirkšanu, visa zeme pieder Dievam. Tādēļ cilvēkam nav mūžīgas tiesības uz zemi. Līdzīgā veidā viss Visumā pieder Dievam, tādēļ Ādams nevarēja „pārdot" šo īpašumu uz visiem laikiem, un velnam nepieder mūžīgas tiesības uz šo pasauli. Parādoties kādam, kam ir tiesības izpirkt zaudēto Ādama varu, ienaidniekam velnam būs jāpakļaujas likumam un tā jāatgriež.

Līdz laiku sākumam Taisnības Dievs sagatavojis bezgrēcīgu Cilvēku, kurš mantos tiesības, kas dotas likumā par zemes izpirkšanu, un caur kuru ļaudīm sagatavota glābšana: tas ir – Jēzus Kristus.

Kādā veidā, saskaņā ar zemes izpirkšanu Jēzus Kristus var atgriezt varu, kas nokļuvusi ienaidnieka velna rokās? Atbilstot četrām noteiktām pazīmēm, Jēzus varēja izpirkt visu ļaužu grēkus un atjaunot zaudēto varu pār zemi.

Pirmā pazīme: izpircējam jābūt Ādama „tuvam radiniekam."

3.Mozus 25:25, teikts: „Ja tavs brālis panīkst un grib ko

pārdot no savas zemes, tad lai kāds viņa tuvs radinieks nāk viņam par izpircēju un izpērk to, ko viņa brālis pārdevis." Tā kā tikai „tuvam radiniekam" ir tiesības atgriezt zemi, atgriezt pazaudēto Ādama varu var tikai cilvēks. 1. vēst. Korintiešiem 15:21-22, mēs lasām: „Jo, kā caur cilvēku nāve, tā arī caur cilvēku miroņu augšāmcelšanās. Jo, kā Ādamā visi mirst, tāpat arī Kristū visi tiks dzīvi darīti." Citiem vārdiem, kā ienāca nāve šajā pasaulē caur cilvēku nepaklausību, tā arī gara augšāmcelšanās var notikt tikai caur cilvēku.

Par Jēzu Kristu teikts: „Un Vārds tapa miesa un mājoja mūsu vidū, un mēs skatījām Viņa godību, tādu godību kā Tava Vienpiedzimušā Dēla, pilnu žēlastības un patiesības..." (Jāņa 1:14). Viņš ir Dieva Dēls, dzimis miesā no miesas un gars no gara, kuram ir vienlaicīgi cilvēciska un dievišķa daba. Pie tam, Viņa dzimšana ir neapgāžams vēsturisks fakts, ko apstiprina dažādi vēstures avoti. Ievērības cienīgi ir tas, ka cilvēces gadu skaitīšana orientēta uz Jēzus piedzimšanas gadu, no kurienes nāk apzīmējums „līdz K.D.", kas nozīmē līdz Kristus dzimšanai. Mūsu ēra sākas no „Dievišķā gada" tas ir no Kristus Dzimšanas.

Jēzus Kristus atnāca uz šo pasauli miesā, tādēļ arī Viņš ir „tuvs radinieks" Ādamam un tādā veidā atbilst pirmajai pazīmei.

Otrā pazīme: izpircējs nedrīkst būt Ādama pēcnācējs.

Mesija pats nedrīkst būt grēcīgs, jo savādāk nevar izpirkt ļaužu grēkus. Uz Ādama pēcnācējiem ir pirmiedzimtais nepaklausības grēks, visi viņi – grēcinieki. Tādēļ atbilstoši likumam par zemes izpirkšanu, izpircējs nedrīkst būt Ādama pēcnācējs.

Atklāsmes 5:1-3 teikts:

„Tad es redzēju labajā rokā Tam, kas sēd uz goda krēsla, grāmatu, aprakstītu iekšpusē un ārpusē, apzīmogotu septiņiem zīmogiem. Es redzēju varenu eņģeli saucam stiprā balsī: „Kas ir cienīgs atvērt grāmatu un atdarīt tās zīmogus?" Bet neviens ne debesīs, ne zemes virsū, ne zemes apakšā nespēja atvērt grāmatu un tanī ieskatīties."

Šeit, „grāmata apzīmogota septiņiem zīmogiem" nozīmē vienošanos starp Dievu un velnu, kas noslēgta pēc Ādama nepaklausības. Saskaņā ar zemes izpirkšanas likumu „cienīgam atvērt grāmatu" jābūt ar izpircēja pazīmēm. Apustulis Jānis meklēja kādu, kas būtu cienīgs atvērt grāmatu, aizzīmogotu ar septiņiem zīmogiem, betnevarēja tādu atrast. Jānis lūkojās uz debesīm: tur bija eņģeļi, bet nebija ļaužu. Viņš palūkojās uz zemi, bet redzēja tikai grēcīgos Ādama pēcnācējus. Viņš palūkojās zem zemes, bet tur bija tikai mocītie grēcinieki, kas pieder velnam. Jānis raudāja, jo nebija neviena, kas būtu cienīgs izpirkt zemi (4p).

Un tad viens no vecajiem mierināja Jāni tādiem vārdiem: „Neraudi! Redzi, uzvarējis ir lauva no Jūdas cilts, Dāvida sakne, lai atvērtu grāmatu un tās septiņus zīmogus," (5p). Šeit „lauva no Jūdas cilts, Dāvida sakne", nozīmē Jēzu, kas pieder pie Jūdas cilts un Dāvida nama. Jēzus atbilst glābēja pazīmēm, saskaņā ar zemes izpirkšanas likumu.

Mateja Evaņģēlijā 1:18-21, detalizēti aprakstīta mūsu Kunga

Dzimšana:

„Bet Jēzus Kristus piedzimšana notika tā: kad Viņa māte Marija bija saderināta ar Jāzepu, notika, pirms tie nāca kopā, ka viņa kļuva grūta no Svētā Gara. Bet Jāzeps, viņas vīrs, būdams taisns un negribēdams viņai darīt kaunu, taisījās viņu slepus atstāt. Bet, viņam tā savā prātā domājot, redzi, Tā Kunga eņģelis parādījās sapnī un sacīja: „Jāzep, tu Dāvida dēls, nebīsties Mariju, savu sievu, ņemt pie sevis, jo, kas viņā iedzimis ir no Svētā Gara. Viņa dzemdēs Dēlu, un Tā vārdu tev būs saukt Jēzus, jo Viņš atpestīts Savu tautu no viņas grēkiem."

Iemesls tam, ka vienīgais Dieva Dēls, Jēzus Kristus, atnāca uz šo pasauli, piedzima Jaunavai Marijai, ir nepieciešamībā Jēzum būt cilvēkam, neesot Ādama pēcnācējam, savādāk pēc zemes izpirkšanas likuma, Viņš nevarētu kļūt par mūsu Izpircēju.

Trešā pazīme: izpircējam jābūt ar varu.

Pieņemsim, jaunākais brālis ir nobankrotējis un pārdevis savu īpašumu. Vecākais brālis vēlas izpirkt zemi viņa vietā. Tādā gadījumā viņam jābūt ar pietiekošiem priekš izpirkšanas līdzekļiem (3. Mozus, 25:26). Līdzīgā veidā, ja jaunākais brālis atrodas parādu bedrē, bet vecākais grib viņam palīdzēt, tad ar vieniem vien labiem nolūkiem nepietiek. Izpircējam jābūt ar „pietiekošām iespējām."

Tāpat arī garīgajā sfērā: lai pārveidotu grēcinieku par taisno, jābūt ar „pietiekošām iespējām", vai garīgu varu. Dotajā gadījumā ar „iespēju izpirkt zemi" jāsaprot Mesijas spēju izpirkt cilvēku grēkus. Citiem vārdiem, cilvēces Glābējam, jāatbilst likuma prasībām par zemes izpirkšanu, jābūt bezgrēcīgam.

Neesot Ādama pēctecis, Jēzus Kristus ir brīvs no pirmiedzimtā grēka. Viņš nav aptraipīts arī ar personīgiem grēkiem. Viņš ievēroja likumus visus 33 gadus savas dzīves laikā uz zemes. Viņš bija apgraizīts astotajā dienā pēc dzimšanas, bet līdz savai trīsgadu kalpošanai godāja un mīlēja savus vecākus, dedzīgi pildīja Dieva baušļus.

Tādēļ Vēstulē Ebrejiem 7:26, teikts: „Jo tāds augstais priesteris mums arī pienācās, svēts, bez ļaunuma, neaptraipīts, atšķirts no grēciniekiem un pacelts augstāk par debesīm."1. Pētera vēst. 2:22-23, lasām: „Viņš grēku nedarīja, nedz arī atrada viltu Viņa mutē; Viņš zaimots, neatbildēja ar zaimiem, ciezdams nedraudēja, bet atstāja visu Tam , kas spriež taisnu tiesu."

Ceturtā pazīme: izpircējam jābūt ar mīlestību.

Lai piepildītu likumu par zemes izpirkšanu, bez trim iepriekšminētajām prasībām, izpircējam jābūt ar mīlestību. Bez mīlestības vecākais brālis nesāks izpirkt zaudēto zemi. Ja vecākais būtu kaut bagātākais cilvēks uz planētas, un ja jaunākā brāļa parāds pārāk liels, bez mīlestības viņš nesāks viņam palīdzēt. Ko vecākā vara un bagātība vien var palīdzēt jaunākajam brālim?

Rutes grāmatas 4. nodaļā stāstīts par Boazu un Naomi, Rutes vedeklu. Kad Boazs prasīja radam – izpircējam izpirkt Naomi mantojumu, tas viņam atbildēja: „Es nevaru to izpirkt, lai neizpostītu savu mantojumu. Izpērc tu pats manu izpērkamo, jo es nevaru izpirkt," (6p). Tad mīlošais Boazs pats izpirka Naomi zemi. Rezultātā viņš saņēma bagātīgas svētības – būt par Dāvida senci.

Bezgrēcīgais Jēzus, miesā atnācis uz šo pasauli, nebija Ādama pēcnācējs, tādēļ ka bija ieņemts no Svētā Gara. Viņam bija „pietiekoši līdzekļi", lai mūs izpirktu. Un ja nebūtu bezgalīgā Jēzus mīlestība pret ļaudīm, Viņš nedotu sevi kā ķīlu par mūsu grēkiem. Viņa mīlestība bija tik liela, ka Viņš atdeva sevi saplosīšanai mirstīgajiem, izlēja savas dārgās asinis, izpirka cilvēci un atvēra ceļu uz glābšanu. Tāds Dieva Tēva bezgalīgās mīlestības spēks, tāds neaptverams Jēzus upuris savā paklausībā, kas nenobijās no nāves.

Mesijas krusta nāves iemesls.

Kādēļ Jēzus bija piesists pie koka krusta? To pieprasīja, lai piepildītos garīgais likums: „Kristus mūs ir izpircis no bauslības lāsta, pats mūsu vietā kļūdams par lāstu, - jo ir rakstīts: nolādēts ikviens, kas pakārts pie krusta, -" (vēst. Galatiešiem 3:13). Jēzus bija nonāvēts piesitot pie krusta, lai izpirktu mūs, grēciniekus, lai noņemtu no mums „nāves lāstu."

3.Mozus 17:11, teikts: „Jo miesas dzīvība ir asinīs un tās es jums esmu devis altārim, ka veicat izlīgumu par saviem grēkiem, - tās ir asinis, kas veic izlīgumu par visiem ļaužu grēkiem!" Vēstule Ebrejiem 9:22, atkārto šo domu: „Pēc bauslības, ar asinīm tiek šķīstīts gandrīz viss, un bez asins izliešanas nav piedošanas." Asinis ir dzīvība, tādēļ ka „nav piedošanas" bez asinsizliešanas. Jēzus izlēja savas bezgrēcīgās un dārgās asinis, lai mēs no jauna iegūtu dzīvību.

Vēl vairāk, caur Viņa mokām pie krusta ticīgie atbrīvojas no slimību lāsta, nespēka, nabadzības utt. Jēzus dzīvoja nabadzībā uz šīs zemes, Viņš paņēma uz sevi nabadzību, lai atbrīvotu mūs no šī lāsta. No tiem laikiem, kad Jēzus pārcieta fiziskas ciešanas –

arī mēs tiekam dziedināti no miesas slimībām. Jēzus bija vainagots ar ērkšķu vainagu – mēs izpirkti no grēkiem, kas darīti domās. Jēzus rokas un kājas caururba naglām – tā mēs tikām atbrīvoti no visiem mūsu rokām un kājām izdarītiem grēkiem.

Ticēt Kungam – pilnveidoties patiesībā.

Sapratuši krusta nozīmi arī ticīgie no visas savas sirds atbrīvojas no grēkiem un dzīvo pēc Dieva gribas. Jēzus mums teicis Jāņa Evaņģēlijā 14:23: „Kas mani mīl, tas manu vārdu turēs, un arī mans Tēvs to mīlēs, un mēs nāksim un taisīsim pie viņa mājvietu." Pēc šī apsolījuma tādi cilvēki būs bagātīgi Dieva svētīti un nopelnīs Viņa mīlestību.

Kādēļ tad apliecinošie ticību Kungam nesaņem atbildes uz lūgšanām un iegrimuši šīs zemes grūtumos? Lieta tajā, ka neskatoties uz to vārdiem, Dievs neuzskata viņa ticību par īstu. Lai arī viņi dzirdējuši Dieva vārdu, bet nav tam paklausījuši un nav attīrījušies no grēka.

Piemēram, daudzi „ticīgie" nepilda Desmit Baušļus, kas ir dzīves Kristū pamats. Tādi ļaudis zina, ka „jāatceras svētdiena, lai to svētītu." Tomēr iet tikai uz rīta dievkalpojumiem, vai pat vispār neiet, bet Kunga dienā nodarbojas ar savām lietām. Zina, ka vajag ziedot desmito, bet pārāk mīl naudu un nedod Dievam pienākušo. Bet Dievs pats atklājis mums, ka tas kas apkrāpj baznīcu ar desmito „apkrāpj" Viņu. Vai gan tāds cilvēks var gaidīt atbildi uz lūgšanām un svētības (Maleahija 3:8).

Ir arī tādi „ticīgie", kuri nepiedod tuvākajiem viņu kļūdas un pārkāpumus. Viņi krāj ļaunumu, vērpj intrigas pret pāridarītājiem, atbild ar ļaunu pret ļaunu. Daži apsola, bet netur savu solījumu, piemāna tuvāko atkal un atkal. Citi kurn un žēlojas, kļūstot līdzīgi šai pasaulei. Vai par tādiem var teikt, ka tiem ir patiesa ticība?

Ja esi patiess ticīgais, tad centies visā rīkoties pēc Dieva prāta, izvairies no ļauna, līdzinies mūsu Kungam, kas atdevis savu dzīvību par grēciniekiem. Tādi ļaudis piedod un mīl savus vajātājus un apmelotājus, viņi vienmēr gatavi ziedot sevi citu dēļ.

Savaldot savas dusmas, tu mainīsies. Tava valoda piepildīsies ar labestību un sirsnību, ja iepriekš esi žēlojies dēļ mazākā iemesla, patiesa ticība darīs tevi izturīgu, par visu pateicīgu un dalīties spējīgu ar tuvākajiem.

Patiesi ticīgais Kungā gan kļūst līdzīgs viņam, gan pilnveido sevi. Tāds ir ceļš, lai gūtu atbildes uz lūgšanām un svētības.

Vēstulē Ebrejiem 12:1-2, teikts: „Tādēļ mēs, kam visapkārt liels pulks liecinieku, nolikuši visas nastas un grēkus, kas velkas mums līdz, apņēmības pilni skriesim sacīkstēs, kas mums noliktas. Uzlūkosim mūsu ticības aizsācēju un piepildītāju Jēzu, kas viņam sagatavotā prieka dēļ, par kaunu nebēdādams, ir pacietis krustu un nosēdies Dieva tronim pa labai rokai."

Bez daudzajiem ticības vīriem, par kuriem vēsta Bībele, nav mazums izglābto – pēc savas ticības, un Kunga apveltītie svētībām – atradīsies arī starp mums.

Līdzīgi „lielam liecinieku pulkam" apgūsim patieso ticību! Pārvarēsim šķēršļus, nometīsim grēka važas, kas mūs apdraud uz katra soļa, kļūsim līdzīgi mūsu Kungam! Jo tikai tad piepildīsies Jēzus apsolījums: „Ja jūs manī paliekat un mani vārdi paliek jūsos, jūs varēsiet lūgt, ko vien gribēsiet, un tas jums notiks," (Jāņa 15:7). Lai katrs no jums vada tādu dzīvi un, lai katrs saņem svētības!

Bet ja tu vēl nedzīvo tādu dzīvi, atskaties atpakaļ, noņem jūgu no sirds, nožēlo neticības grēku Kungam, tiecies uz dzīvi pēc Dieva Vārda.

Lai katrs no mums iegūst patieso ticību, piedzīvo Dieva spēku, pienācīgā veidā pagodina Viņu un saņem atbildes uz visām lūgšanām. Es lūdzos par to mūsu Kunga Jēzus Kristus Vārdā!

3. Svētruna

Trauks, brīnišķāks
par dārglietām

2. vēst. Timotejam 2:20-21

„Lielā namā nav tikai zelta un sudraba trauki, bet arī koka un māla, un vieni domāti cēlam nolūkam, citi – necēlam. Ja nu kāds sevi ir attīrījis no nešķīstā, tad viņš būs svētīts trauks, kas paredzēts cēlam nolūkam, lieti noderīgs saimniekam, sagatavots jebkuram labam darbam, "

Dievs radīja ļaudis tādēļ, lai ievācot augļus, dalītos īstā mīlestībā ar saviem patiesiem bērniem. Taču cilvēki sagrēkoja, novērsās no tiem sagatavotā ceļa, kļuva par ienaidnieka – velna un sātana vergiem (vēst. Romiešiem 3:23). Bet Mīlestības Dievs neatteicās no sava mērķa iegūt sev patiesus bērnus. Viņš atvēra tiem glābšanas ceļu, neskatoties uz ļaužu grēkiem. Dievs atdeva kā upuri savu Vienpiedzimušo Dēlu Jēzu, lai izpirktu ļaužu grēkus.

Šī apbrīnojamā mīlestība, un tās veiktais lielais upuris atvēra glābšanas ceļu ticīgajiem Jēzum Kristum. Katrs, kas sirdī tic, ka Jēzus ir Glābējs, saņem Dieva bērna tiesības.

Dieva iemīlētie bērni līdzīgi „traukiem."

2. Timoteja vēst. 2:20-21, teikts: „„Lielā namā

nav tikai zelta un sudraba trauki, bet arī koka un māla, un vieni domāti cēlam nolūkam, citi – necēlam. Ja nu kāds sevi ir attīrījis no nešķīstā, tad viņš būs svētīts trauks, kas paredzēts cēlam nolūkam, lieti noderīgs saimniekam, sagatavots jebkuram labam darbam."Kā mēs zinām, trauks vajadzīgs priekš tā, lai ievietotu kādu lietu. Dievs salīdzina Savus bērnus ar „trauku", tādēļ ka var tos piepildīt ar Savu mīlestību un labestību, patiesības vārdu, spēku un varu. Tādēļ ticīgajam jāatceras: kāds trauks, tādas arī svētības, kas to piepilda.

Kādā traukā Dievs izlies Savas bagātīgās svētības? Dārgā traukā, noderīgā, šķīstītā.

Pirmkārt, „dārgs" trauks ir tie, kas pilnībā izpilda savu pienākumu Dieva priekšā. Pie šīs ticīgo kategorijas attiecas Jānis Kristītājs, kas sagatavoja ceļu Kungam Jēzum; Mozus, kas izveda izraēliešus no ēģiptiešu verdzības.

Tālāk „derīgie" trauki ir cilvēks – godīgs, taisnīgs, nelokāms un uzticams. Visas šīs īpašības ir reti sastopamas parastos cilvēkos. Pie šīs kategorijas pieder Jāzeps un Daniels, augstu stāvokli ieņēmušie vīri lielajās valstīs senatnē, kas pagodināja Dievu.

Beidzot, trauks, „šķīstīts" Dievam, ir laba sirds, kas izvairās no ķildām un pieņēmušie mieru patiesībā. Estere, kas izglāba savus tautiešus un Ābrahāms, kas tika nosaukts par „Dieva draugu," attiecas pie šīs grupas.

„Trauks, brīnišķīgāks par dārglietām", ir personība, kas ir ar Dievam tīkamām vērtības pazīmēm, derīgs labiem darbiem un šķīstīts. Dārgakmens uzreiz ir pamanāms šķembu kaudzē. Tāpat arī Dieva ļaudis, kuri brīnišķāki par visādiem dārgakmeņiem, pamanāmi uzreiz.

Daudzi dārgakmeņi ir ar augstu vērtību dēļ sava izmēra, tomēr vispirms to vērtību nosaka īpašā krāsa un brīnišķais starojums. Bet viss tas nav zelts, kas spīd. Īsti dārgakmeņi izstaro īpašas nokrāsas un spīdumu un pie tam ir ar cietību. Dārgakmeņa „cietība" nozīmē tā izturību pret dažādām fiziskām iedarbībām, skrāpējumiem ar etalona materiālu un karsēšanu, spēju nereaģēt ar citiem materiāliem un saglabāt formu. Retums, ir cits svarīgs raksturojums dārgakmenim.

Cik vērtīgs, derīgs un šķīsts ir trauks, izveidots no dārgakmeņa apbrīnojamā mirgojuma un skaistuma, cietības un retuma? Dievs vēlas, lai Viņa bērni kļūtu brīnišķāki par jebkuriem dārgakmeņiem un vadītu svētītu dzīvi. Ievērojot tādus traukus, Dievs bagātīgi izlej uz viņiem Savu mīlestību un žēlastību.

Kā lai mēs topam trauki, brīnišķāki par dārgakmeņiem?

Pirmkārt, mums jāapgaismo sava sirds ar Dieva Vārdu, tas ir pašu patiesību.

Lai trauks kalpotu savam paredzētajam mērķim, tam vispirms jābūt tīram. Pat dārgs zelta kauss izrādīsies nederīgs, ja iekšpusē būs pārklāts ar smirdošiem traipiem un zirnekļu tīkliem.

Vērtīgais trauks vispirms jāizmazgā tekošā ūdenī un tikai pēc tam jālieto.

Tas pats attiecas arī uz Dieva bērniem. Dievs sagatavojis viņiem bagātīgas svētības un dažādas dāvanas, bagātību, veselību utt. Bet, lai to saņemtu mums jāattīrās garīgi.

Praviesa Jeremijas grāmatā 17:9, teikts: „Sirds ir ļaunprātīgi lokana pret visu, tā ir viltīga. Kas to var izdibināt?!" Līdzīgi vārdi pieder Jēzum: „bet, kas no mutes iziet, tas nāk no sirds un sagāna cilvēku. No sirds iziet ļauni nodomi, slepkavība, laulības pārkāpšana, izvirtība, zagšana, apmelošana, zaimi," (Mateja 15:18-19). Tādēļ tikai attīrot savas sirdis mēs varam kļūt par tīriem traukiem. Tīrs trauks nekad nedomās par ļauno, nesāks nepatiesi liecināt, nedarīs ļaunus darbus.

Attīrīt sirdi var tikai garīgajā ūdenī, Dieva Vārdā. Tādēļ Vēstulē Efeziešiem 5:25-26, Bībele mūs aicina: „Jūs, vīri, mīliet savas sievas, tāpat kā Kristus ir mīlējis savu draudzi un pats sevi tās labā ir ziedojis, lai to darītu svētu, šķīstot mazgāšanā ar ūdeni caur vārdu," pastāv uz to, lai mēs stātos Dieva troņa priekšā „ar patiesām sirdīm paļāvīgi ticībā, ar sirdīm, kas šķīstītas no ļaunas apziņas, un miesu mazgājuši šķīstā ūdenī," (Vēst. Ebrejiem 10:22).

Kādā veidā notiek attīrīšana ar garīgo ūdeni, Dieva Vārdu? Jāseko baušļiem, kas rakstīti sešdesmit sešās Bībeles grāmatās, kuru mērķis attīrīt mūsu sirdis. Likumu pildīšana, atturēšanās no visa aizliegtā novedīs mūs agri vai vēlu pie attīrīšanās no grēka un visāda ļaunuma.

To, kas attīrījuši sirdis ar Dieva Vārdu, rīcība spilgti atspoguļo Kristus gaismu. Taču izpildīt Dieva likumu neiespējami tikai ar saviem spēkiem: šeit vajadzīgs Svētā Gara spēks un vadība.

Uzņemot Dieva Vārdu, atvērsim savas siržu durvis un pieņemsim Jēzu kā savu Glābēju. Tad Dievs dāvās mums palīgā Svēto Garu. Svētais Gars mājo ļaudīs, kas pieņēmuši Jēzu kā Glābēju, Viņš palīdz tiem izprast patiesības vārdu. Raksti mums saka: „Kas piedzimis no miesas, ir miesa, un, kas piedzimis no Gara, ir gars," (Jāņa 3:6). Dieva bērni, saņēmuši Svētā Gara

svaidījumu var atteikties no grēka un no visāda ļaunuma Svētā
Gara spēkā, kļūstot ar to pašu garīgi.

Atzīstieties, cik bieži jūs izmisumā esat jautājuši: „Kā man
izpildīt visus Dieva likumus?"

1. Jāņa vēstule 5:2-3, mums atgādina: „Mēs
zinām, ka mīlam Dieva bērnus, kad mīlam Dievu un pildām
viņa baušļus. Jo tā ir mīlestība uz Dievu, ka turam viņa baušļus,
un viņa baušļi nav grūti." Ja no visas sirds mīli Dievu, tad sekot
Viņa baušļiem nebūs grūti.

Kad vīrietim un sievietei piedzimst bērns, viņi centīgi rūpējas
par viņu, ēdina, pārtin un apmazgā jaundzimušo. Taču vajag
ģimenei pieņemt apgādībā svešu bērnu un rūpes par viņu kļūst
par apgrūtinājumu. Par savu pēcteci rūpes nav apgrūtinājums.
Pat ja mazulis atmodīsies ar brēkšanu nakts vidū, mīlošie vecāki
nekad nedusmosies. Kalpot tam, kuru tu mīli, vienmēr ir prieks.
Vai patiesi ticīgie Dievam nemīl Viņu? Bet mīlošiem Dievu nav
par apgrūtinājumu Viņa Vārds. Tieši pretēji, viņiem grūti
nepildīt Dieva Vārdu un nepaklausīt Viņa gribai.

Es cietu no dažādām miesas slimībām septiņu gadu garumā, kamēr mana vecākā māsa neatveda mani uz Dieva svētnīcu. Saņemot Svētā Gara uguni un ar to – dziedināšanu no visām slimībām, es sastapu Dzīvo Dievu. Tas notika 1974. g. 17. aprīlī. No tā laika, pateicībā par Dieva žēlastību, es sāku apmeklēt visus iespējamos dievkalpojumus. Tā paša gada novembrī es pirmoreiz gāju uz atmodas tikšanos, sāku mācīties Viņa Vārdu, pamatu dzīvei Kristū:

Jo tā patīk Dievam!

Atteikties no grēkiem.

Tajā ticības nav, tas slikts

Kas smēķē un dzer,

Nezinot lūgšanu.

Es desmito pienesīšu:

Nestāšos Dieva priekšā ar tukšām rokām.

Visu nedēļu es klausījos Rakstus, un katru pantu mana sirds apstiprināja ar vārdu: „Āmen!"

Pēc tās atmodas tikšanās es pārstāju smēķēt un dzert, sāku ziedot baznīcai desmito un pateicības ziedojumus. Es izstrādāju pieradumu lūgties saulrietā un pakāpeniski kļuvu par lūgšanu cilvēku. Visā es sekoju manis dzirdētajiem Rakstiem, kurus no tā laika lasu ikdienas.

Es izveseļojos no visām savām vainām un slimībām, kas nebija pa spēkam medicīnai, bet bija pa spēkam Dievam. Tādēļ es varēju noticēt katram pantam un katrai nodaļai Bībelē. Tajos laikos mana ticība vēl nebija nostiprinājusies, un es ar grūtībām pieņēmu atsevišķas Rakstu vietas. Bet baušļi man bija saprotami, un es apņēmos tos pildīt nekavējoši. Piemēram, Bībele saka, ka meli – tas ir grēks, un es palūdzos Dievam ar apsolījumu nemelot. Apzināti, ļaunprātīgi meli man vienmēr bijuši pretīgi, bet es centos izvairīties pat no netīšas mānīšanās.

Daudz ļaužu ir meļi, paši to neapzinoties. Cik bieži notiek, ka viņi prasa saviem radiem vai kolēģiem telefonā atbildēt, ka viņu nav mājās vai darbā! Daudzi ķeras pie mānīšanās dēļ melīgas „takta" izjūtas. Viņiem jautā, vai viņi vēlas kaut ko padzert vai paēst, bet viņi nevēloties apgrūtināt saimniekus atbild, ka jau paēduši, pirms nākšanas pie viņiem. Nav vērts melot pat par sīkumiem, ar to domājot, ka nevēlies „apgrūtināt" citu cilvēku. Nav nekā vairāk apgrūtinoša, kā meli, vēl vairāk – sīkumos. Pat kad meli tiek attaisnoti ar laba vēlējumiem, tie vienalga paliek meli. Tādēļ es pastāvīgi lūdzos Dievu par to, lai pilnībā iznīdētu sevī melus, pat netiešus.

Un vēl, es sastādīju visu savu grēku un ļauno darbu sarakstu un sāku lūgties par atbrīvošanu. Vienīgi pārliecinājies, ka esmu iznīdējis ļaunumu no savas sirds un atbrīvojies no kaitīgā ieraduma, es izsvītroju grēku no saraksta. Ja man neizdevās to izdarīt, es tūlīt sāku gavēt. Ja trīs dienu gavēnis nelīdzēja, es gavēju piecas dienas. Ja arī pēc tā man neizdevās pilnībā pārvarēt grēku, es gavēju nedēļu. Taču reti nācās man gavēt nedēļu, parasti, lai iznīdētu sevī grēku un ļaunumu, man pietika ar trīs dienām. Tā, pakāpeniski atbrīvojoties no kaitīgiem ieradumiem, es kļuvu arvien tīrāks trauks.

Pēc trim gadiem, pēc tā kā es satiku Kungu, es biju izravējis sevī visu nepaklausību Dieva Vārdam un kļuvis par tīru trauku. Izpildot kristieša pienākumu, ievērojot Dieva baušļus, es drīz varēju dzīvot pēc Viņa vārda.

Es kļuvu derīgs trauks, un Dievs mani bagātīgi svētīja. Mana ģimene saņēma veselības svētību. Es pilnībā atmaksāju visus savus parādus. Uz mani izlējās gan garīgas, gan materiālas svētības. Jo Bībele apliecina mums: „Mīļotie, ja jau mūs neapsūdz sirds, tad mums ir paļāvība uz Dievu. Ja mēs ko lūdzam, tad saņemam no viņa, jo mēs turam viņa baušļus un darām to, kas viņam tīkams," (1. Jāņa vēst. 3:21-22).

Otrkārt, lai kļūtu par vērtīgu trauku, „jārūdās ugunī" un jāizstaro garīga gaisma.

Vērtīgie dārgakmeņi gredzenos un aprocēs kādreiz bija neattīrīti. Bet pēc rūpīga slīpētāju darba tie kļuva brīnišķīgi pareizas formas juvelierizstrādājumi.

Līdzīgi prasmīgajiem slīpētājiem, kuri izgriež, nopulē un pilnveido dabīgo akmeni, Dievs audzina savus bērnus. Viņš tos audzina, lai Viņš varētu tos garīgi un materiāli svētīt. Bet pašiem Dieva bērniem, kas nav ļauna darījuši, svētība var likties skarbs pārbaudījums. Tāds ir process Dievam veidojot savus bērnus, kā rezultātā viņi kļūst brīnišķīgāki un pilnīgāki. 1. Pētera vēstulē 2:19, apustulis atgādina mums: „Tā ir Dieva žēlastība, ja kāds, netaisnīgi ciezdams, panes bēdas, apzinoties Dieva klātbūtni." Mēs tāpat lasām, ka „lai jūsu pārbaudītā ticība, kas ir daudz cildenāka nekā iznīcīgais zelts, kas tak ugunī tiek pārbaudīts, parādītu, ka jūs esat teicami, slavējami un godājami dienā, kad atklāsies Jēzus Kristus," (1. Pētera vēst. 1:7).

Pat ja Dieva bērni iznīdējuši sevī jebkuru ļaunumu un kļuvuši par šķīstiem traukiem, Dievs reizēm pārbauda tos pēc saviem ieskatiem, lai viņi kļūtu vēl pilnīgāki. 1. Jāņa vēstules 1:5 panta otrā daļa māca mūs: „Dievs ir gaisma un viņā nemaz nav tumsas." Tā kā Dievs pats ir pilnīga Gaisma, Viņš ved savus bērnus pie tā paša pilnības mēra.

Tādēļ pārvarot Dieva pārbaudījumus labprātībā un mīlestībā, jūs sasniegsiet vēl lielāku garīgo mirdzumu un skaistumu. Garīgā vara un spēks atšķiras atkarībā no jūsu izstarotās gaismas spožuma. Bez tam, garīgā gaisma atvaira ienaidnieku – velnu un sātanu.

Marka Evaņģēlija 9. nodaļā aprakstīta epizode, kad Jēzus izdzina no zēna dēmonu pēc viņa tēva lūguma. Jēzus pavēlēja dēmonam: „Tu mēmais un kurlais gars, Es tev pavēlu; izej ārā no tā un neieej vairs viņā." Dēmons atstāja zēnu, un tam atgriezās dzirde un spēja runāt. Līdz tam zēna tēvs bija lūdzis Kristus mācekļus izdzīt dēmonu. Viņiem neizdevās to izdarīt, tādēļ ka viņi izstaroja mazāku garīgo gaismu nekā Jēzus.

Kā ticīgajam sasniegt Kristum līdzīgu garīgo starojumu? Mēs varam uzvarēt jebkurā garīgajā cīņā stipri ticot Dievam, pārvarot ļauno ar labo un mīlot pat savus ienaidniekus. Pēc tam iegūstot patiesu labprātību, mīlestību un taisnību, līdzīgi Kristum, jūs varēsiet izdzīt dēmonus un dziedināt slimības.

Svētības, kas sagatavotas
vērtīgajiem traukiem.

Savā daudzu gadu ticības ceļā es esmu sadūries ar neskaitāmiem pārbaudījumiem. Dažus gadus atpakaļ televīzijā pret mani izvirzīja melīgus apvainojumus, kuru rezultātā man nācās iziet caur patiesi nāvīgām mokām. Ļaudis, kuri caur mani saņēmuši svētības un, kurus es mīlēju kā savas ģimenes locekļus, atteicās no manis.

Pasaules ļaudīm es kļuvu par apņirgšanas un aprunāšanas mērķi, bet pār daudziem „Manmin" draudzes locekļiem nāca netaisnas vajāšanas. Tomēr gan es, gan draudze „Manmin" ar godu pārnesām pārbaudījumus, jo mēs uzticējām sevi visu piedodošajām Dieva rokām, ticīgajam viss nāk par labu.

Vēl vairāk, es nejutu naidu un nenovērsos no nodevējiem. Pat pašā drūmākajā pārbaudījumu stundā es ticēju, ka Dievs Tēvs mīl mani. Tā es varēju piedot pat saviem ienaidniekiem, ar mīlestību un labprātību. Līdzīgi skolniekam, kas saņēmis atzinību par sarežģīta eksāmena rezultātiem, mana ticība, labprātība un mīlestība guva Dieva novērtējumu. Rezultātā Viņš izlēja pār mani savu žēlastību un spēku.

Pēc pārbaudījumiem Viņš atvēra caur mani savas misijas vārtus šajā pasaulē. Dieva nodoms ir tajā, lai desmitiem, simtiem, tūkstošiem, miljoniem ļaužu, kas piedalās manos evaņģelizācijas pasākumos ārzemēs, uzzinātu par Kungu. Viņš bija ar mani, kad Viņa spēks pārvarēja laiku un telpu.

Garīgā gaisma, kuru izstaro Dievs, spēcīgāka un brīnišķāka par jebkuru dimantu. Izlejot to uz Saviem bērniem Viņš dara tos par traukiem, vēl skaistākiem, kā zemišķie dārgakmeņi.

Tādēļ lai katrs no mums nekavējoši attīrās no grēka un kļūst par trauku, kurš izstaro pārbaudītu ciešanās garīgo gaismu, vēl brīnišķīgāku, kā dimanta mirdzums, un lai jūs saņemat atbildes uz lūgšanām, un lai jūsu dzīve ir svētīta. Es lūdzos par to mūsu

Kunga Jēzus Kristus vārdā!

4. Svētruna

Gaisma

Jāņa 1. vēst. 1:5

„Un šī ir vēsts, ko esam no viņa dzirdējuši un ko jums pasludinām – ka Dievs ir gaisma un viņā nemaz nav tumsas,"

Ir dažādi gaismas avoti, un katram no tiem ir apbrīnojamas īpašības. Gaisma izklīdina tumsu, dod siltumu, nogalina kaitīgās baktērijas un mikrobus. Gaisma ir nepieciešama fotosintēzes procesā, kas dod dzīvību augiem.

Ir fiziskā gaisma, kas redzama mūsu acij, bet ir arī garīgā, kuru mēs neredzam un nejūtam. Tāpat kā fiziskā, garīgā gaisma ir ar daudzām īpašībām.

Gaisma momentā izklīdina nakts tumsu. Līdzīgi tam, garīgā gaisma izgaismo mūsu dzīvi, aizdzen garīgo tumsu, ja mēs esam Dievā, Viņa mīlestībā un žēlastībā. Tā kā garīgā tumsa ir slimību un problēmu iemesls ģimenē, darbā, attiecībās, ļaudis nevar iegūt patiesu mieru. Taču, kad dzīvē mirdz garīgā gaisma sāk atrisināties problēmas, kas atrodas aiz mūsu cilvēcisko zināšanu robežām un spējām, un mēs saņemam atbildes uz savām vēlmēm.

Garīgā gaisma.

Kas tas ir garīgā gaisma, kā tā darbojas? Mēs lasām Jāņa 1. vēstulē 1:5: „Dievs ir gaisma, un Viņā nav it nekādas tumsas," un Jāņa Evaņģēlijā 1:1: „Vārds bija Dievs." Tas ir „gaisma" – tas nav tikai Pats Dievs, bet arī Viņa Vārds – patiesība, labprātība un mīlestība. Līdz radīšanai „tukšum tukšā" Visumā eksistēja tikai Dievs. Esot Gaisma un Skaņa, Dievs aptvēra visu Visumu. Brīnišķīga, mirdzoša gaisma caurauda Visumu, no viņa nāca skaidra, tīra un skanīga balss.

Dievs eksistējošais kā Gaisma un Skaņa nodomāja izaudzēt cilvēci, lai iegūtu patiesus bērnus. Viņš pieņēma formu, sadalījās Trīsvienībā un pēc sava veidola radīja cilvēku. Tomēr Dievs, pēc Savas būtības – Gaisma un Skaņa, Viņš vēl joprojām darbojas ar gaismu un skaņu. Un kaut arī Viņš ir cilvēciskas būtnes formā, šajā formā ir Viņa bezgalīgā spēka Gaisma un Skaņa.

Izņemot Dieva spēku garīgajā gaismā klātesoši arī citi patiesības elementi, tādi kā mīlestība un labprātība. Sešdesmit sešas Bībeles grāmatas ir garīgās gaismas patiesības sakopojums, kas izteikts skaņā. Citiem vārdiem, „gaisma" attiecas uz visiem baušļiem un Bībeles pantiem, kas runā par labprātību, taisnību un mīlestību: „Mīliet cits citu," „Lūdziet nepārtraukti," „Svētījiet Svēto Dienu."

Staigājiet Gaismā un ieraudzīsiet Dievu.

Dievs pārvalda Gaismas pasauli, bet ienaidnieks – velns un sātans – tumsas pasauli. Un tā kā ienaidnieks velns pretojas Dievam, ļaudis, kas dzīvo tumsas pasaulē, nevar ieraudzīt Dievu. Tādēļ, lai satiktos ar Dievu, atrisinātu savas dzīves problēmas, saņemtu atbildes uz jautājumiem, jāiziet no tumsas pasaules un jāieiet Gaismas pasaulē.

Bībelē mēs atrodam daudz pamācību, kas virza uz to vai citu lietu ievērošanu: „Mīliet cits citu," „Kalpojiet cits citam," „Lūdzaties," „Ievērojat Svēto Dienu," „Pildiet Desmit Baušļus," „Ievērojiet Dieva Likumus." Ir norādījumi par to, ko nevajag darīt: „Nemelojiet," „Neturiet ienaidu," „Nemeklējiet savu labumu," „Netaisiet sev elku," „Nezodziet," „Neskaudiet," „Neaprunājiet." Ir tāpat pamācības, kas liek mums noraidīt kādas lietas: „Izvairieties no visa veida ļaunuma," „Atmeties skaudību un greizsirdību," „Atmeties skopulību" un citi.

No vienas puses Dieva pavēles liek dzīvot Gaismā, kļūstot līdzīgākiem Kungam, Dievam Tēvam. No otras puses, ja nepildīsim to, ko pavēl Dievs, ja nepaklausīsim Viņam, ja rīkosimies pret Viņa norādījumiem, neatstāsim ļaunos darbus, tad esam tumsā. Tādēļ, zinot, ka nepaklausība Viņa Vārdam tiek pielīdzināta esamībai tumsā, ko pārvalda ienaidnieks – velns un sātans, mums vienmēr jārīkojas pēc Vārda un jāstaigā patiesībā.

Ja staigājam Gaismā, esam sadraudzībā ar Dievu.

1. Jāņa vēstulē 1:7, teikts: „Ja mēs staigājam

Gaismā, kā Viņš ir gaisma, tad mums ir sadraudzība citam ar citu," un, ja mēs staigājam un esam Gaismā, par mums var teikt, ka esam sadraudzībā ar Dievu.

Mums jātiecas uz tādu sadraudzību ar Dievu, mūsu gara Tēvu, kāda ir tēvam ar saviem bērniem. Bet, lai iegūtu un uzturētu sadraudzību ar Viņu, mums jāatbilst noteiktām prasībām; jāatstāj grēki un jāstaigā Gaismā. Tādēļ: „Ja mēs sakām, ka mums ir sadraudzība ar Viņu, bet staigājam tumsā, tad mēs melojam un nedarām patiesību," (Jāņa 1. vēst. 1:6).

„Sadraudzība" – tas nav vienpusējs process. Mēs nevaram teikt, ka mums ir sadraudzība ar cilvēku, kuru tik tikko pazīstam. Ja mēs satuvojamies no abām pusēm, uzticamies cits citam, paļaujamies cits uz citu, sarunājamies, tad starp mums nodibinās sadraudzība.

Piemēram, vairums no jums zina savas valsts prezidentu vai monarhu. Bet, ja viņš nezin jūs, starp jums un prezidentu nav sadraudzības.

Ļaudis var būt vienkārši pazīstami, var pat laiku pa laikam apjautāties par to, kā klājas, vai arī būt tuvi draugi un dalīties apslēptos pārdzīvojumos.

Līdzīgi tam atšķiras arī sadraudzība ar Dievu. Lai notiktu sadraudzība, Dievam jūs jāpazīst un jūs jāatzīst. Ja mēs esam dziļā sadraudzībā ar Dievu, mēs neslimojam, nepaliekam nespēcīgi un mūsu dzīvē nav nekā, uz ko mēs nesaņemtu atbildi. Dievs vēlas dot saviem bērniem pašu labāko un saka mums 5. Mozus grām. 28. nod., ka, ja mēs klausīsim Kunga Dieva balsij un pildīsim visus Viņa likumus, mēs būsim svētīti mūsu ieiešanā un svētīti mūsu iziešanā, mēs aizdosim, bet paši neņemsim parādus, būsim galva ne aste.

Ticības tēviem bija patiesa sadraudzība ar Dievu.

Kāda sadraudzība bija Dāvidam ar Dievu, kurš nosauca viņu „par vīru pēc Manas sirds," (Ap.d. 13:22)? Dāvids mīlēja Dievu, bijās un vienmēr pilnībā paļāvās uz Viņu. Kad Dāvids slēpās no Saula, gatavojās kaujai, viņš kā bērns, kas uzdod vecākiem jautājumus, prasīja Dievam: „Vai man iet? Kur man iet?"- un rīkojās, kā Dievs lika. Dievs vienmēr deva viņam skaidrus norādījumus, un tā kā Dāvids klausīja Dievu, tad uzvarēja kauju pēc kaujas (2. Samuēla 5:19-25).

Dāvida attiecības ar Dievu bija paļāvīgas, tādēļ ka Dāvids patika Viņam ar ticību. Piemēram, Saula valdīšanas sākumā filistieši bieži uzbruka Izraēlai. Tos vadīja Goliāts, kas izsmēja izraēliešu karapulkus un zaimoja Svēto Dievu. Neviens neuzdrīkstējās cīnīties ar milzi. Tajā laikā būdams pavisam jauns, Dāvids izgāja uz cīņu ar Goliātu bez ieroča, tikai ar pieciem gludiem akmentiņiem, kas ņemti no strauta, tādēļ ka viņš ticēja visvarenajam Izraēlas Dievam un tam, ka uzvara pieder Dievam (1. Samuēla 17). Dievs izdarīja tā, ka Dāvida mestais akmens trāpīja Goliāta pierē. Pēc Goliāta nāves kaujas gaita mainījās un Izraēls pilnībā uzvarēja.

Par dziļo ticību Dāvids kļuva „par vīru pēc Dieva prāta." Esot savā pusē ar Dievu, kā dēls ar tēvu, Dāvids guva panākumus visos savos darbos.

Bībele tāpat stāsta par to, ka Mozus redzēja Dievu vaigu vaigā. Kad Mozus droši prasīja Dievam atklāt Savu seju, Dievs izdarīja pēc viņa lūguma (2. Mozus 33:18). Kā Mozus sasniedza tuvas attiecības ar Dievu?

Pēc tā kā Mozus izveda tautu no Ēģiptes, viņš četrdesmit dienas pavadīja gavējot uz Sinaja kalna, runājoties ar Dievu. Kad Mozus nenokāpa no kalna paredzētajā laikā, tauta darināja sev elku, zelta teļu un sāka to pielūgt. To ieraudzījis Dievs teica Mozum, ka iznīcinās visu tautu un radīs jaunu daudzskaitlīgu tautu no viņa (2. Mozus 32:10).

Mozus sāka lūgties Dievu: „Novērs savu dusmu kvēli, mitējies no ļauna pret savu tautu," (2. Mozus 32:12). Nākošajā dienā viņš atkal lūdza Dievu: „Tiešām! Šī tauta izdarījusi lielu grēku – uztaisījusi sev zelta dievu! Un tagad – piedod viņu grēku, un ja ne – izdzēs mani no savas grāmatas, ko tu esi rakstījis!" (2.

Mozus 32:31-31). Kāda apbrīnojama mīlestības lūgšana!

Mēs atrodam 4. Mozus 12:3: „Bet Mozus bija ļoti pazemīgs, pazemīgāks par visiem cilvēkiem, kas mīt uz zemes." Un 4. Mozus 12:7: „Ne tāds mans kalps Mozus! Viņš ir uzticams visā manā namā!" Sirdī mīlošais un pazemīgais Mozus bija uzticams visā Dieva namā un bija tuvā sadraudzībā ar Dievu.

Svētības tiem, kas staigā Gaismā.

Jēzus, atnāca pasaulē kā pasaules Gaisma, sludināja tikai patiesību un Debesu Evaņģēliju. Bet ļaudis, kas atradās ienaidnieka velna tumsā, nevarēja saprast Gaismu, lai kā arī viņiem neskaidroja. Savā stūrgalvībā tumsas ļaudis nepieņēma Gaismu, bet izvēlējās ceļu, kas ved uz bojāeju.

Ļaudis ar labām sirdīm, piepildījušies ar patiesības gaismu, atzīst savus grēkus, nožēlo tos un saņem glābšanu. Sekojot Svētā Gara vēlmēm, viņi garīgi atdzimst un staigā Gaismā ikdienā.

Gudrības un spēju trūkums tagad viņiem nav problēma. Viņi nodibina sadraudzību ar Dievu, kurš ir Gaisma, un saņem Svētā Gara vadību. Viņiem viss nāk par labu, viņi saņem gudrību no Debesīm. Ja arī viņiem rodas problēmas, tad nekas netraucē tiem tās atrisināt, nekādu šķēršļu nav viņu ceļā, tādēļ ka Svētais Gars prasmīgi vada viņus soli pa solim.

Kā teikts 1. vēstulē Korintiešiem 3:18: „Neviens, lai sevi nemāna. Ja kāds no jums iedomājas sevi gudru esam šajā laikmetā, tam jākļūst par muļķi, lai tas kļūtu gudrs, ” – mums jāsaprot, ka pasaules gudrība ir Dieva acīs muļķība.

Tālāk savā vēstulē Jēkabs 3:17, raksta: „Bet gudrība no augšienes vispirms ir šķīsta, pēc tam miermīlīga, rāma, prātam paklausīga, pilna žēlastības un citu labu augļu, tā ir taisnīga un bez liekulības.” Kad mēs šķīstīsimies un ieiesim Gaismā, uz mums nonāks gudrība no augšienes. Ja staigājam Gaismā, mēs noteikti sasniegsim līmeni, kad būsim laimīgi, nejūtot nekāda trūkuma nevienā lietā, pat tad, kad mums kaut kas pietrūks.

Apustulis Pāvils vēstulē Filipiešiem 4:11, atzīstas: „Es tā nerunāju trūkuma spiests, jo esmu mācījies iztikt visādos apstākļos." Ja mēs staigājam Gaismā, piepildāmies ar Dieva mieru, tad mēs būsim piepildīti ar mieru un prieku. Ļaudis, kas dzīvo mierā ar citiem, neķildojas, nenaidojas ar ģimenes locekļiem. Tieši otrādi, tā kā viņu sirdis piepildītas ar mīlestību un labestību, tad arī lūpas nepārtrauc izteikt pateicības vārdus.

Ja mēs staigājam Gaismā un kļūstam līdzīgi Dievam, Viņš mums saka: „Mīļotais! Es tev novēlu, lai tev visnotaļ labi klājas un ir laba veselība, kā tas jau ir tavai dvēselei," (3. Jāņa vēst. 1:2). Mēs noteikti būsim svētīti ne tikai, ka mums visā labi klāsies, bet arī ar varu, spējām un Dieva spēku, Kurš ir Gaisma.

Pēc tam, kad Pāvils satikās ar Kungu un sāka staigāt Gaismā, Dievs sūtīja viņu pie pagāniem. Ne Stefans, ne Filips nebija Jēzus mācekļi, bet Dievs darbojās caur viņiem. Apustuļu 8:6-7, mēs atrodam: „Bet Stefans, Dieva žēlastības un spēka pilns, darīja lielus brīnumus un zīmes tautā." Apustuļu 8:6-7, mēs tāpat lasām: „Ļaužu pūlis lielā vienprātībā uztvēra Filipa sacīto, tie klausījās un redzēja zīmes, ko viņš darīja. Jo no daudziem izgāja nešķīsti gari, kliegdami skaļā balsī, un daudzi paralizēti un kropli tika dziedināti."

Tas, kas šķīstās, staigā Gaismā un kļūst līdzīgāks Kungam, caur to parādīsies Dieva spēks.Nedaudzi īstenībā spēj to parādīt. Bet arī tie, kas var, demonstrē dažādu Dieva spēka līmeni. Tā izpausme tieši atkarīga no tā, cik ticīgais kļuvis līdzīgs Gaismas Dievam.

Vai es dzīvoju Gaismā?

Vai mēs gribam iegūt brīnumainās Gaismas svētības? Lai to saprastu, jāpārbauda sevi: vai mēs dzīvojam Gaismā?

Ja jums arī nav kādu konkrētu problēmu, jums jāpārbauda sevi: vai jūsu kristīgā dzīve nav pārvērtusies par „remdenu," vai jūs vada Svētais Gars? Iespējams, jums nepieciešams nokratīt garīgo miegu.

Ja jūsos palikuši kādi grēki un ļaunums, tad nevajag ar to samierināties: kā bērns, kas aug un kļūst pieaudzis, jums jāaug līdz ticības tēvu līmenim. Jātiecas uz dziļu un personīgu sadraudzību ar Dievu.

Ja jūs virzāties uz svētumu, jums noteikti jāpamana sevī pat mazākās ļaunuma izpausmes un jāiznīdē tās. Jo augstāks jūsu stāvoklis un amats draudzē, jo vairāk jums jācenšas kalpot citiem. Kad citi, lai arī zemākā stāvoklī par jūsējo, norādīs uz jūsu kļūdām, jums tās jāņem vērā. Tā vietā lai apvainotos vai dusmotos uz tiem, kas staigā pasaules ceļus un dara ļaunu, jums jābūt tolerantiem, ar mīlestību un labvēlību jāpamāca tos. Neparādiet necieņu ne pret vienu. Cenšaties cienīt tos, nenosodīt savā taisnībā, neradīt nemieru.

Es parādu vairāk mīlestības pret tiem, kas jaunāki, nabadzīgāki un vājāki par mani. Kā vecāki, kas vairāk rūpējas par vārgu un slimu bērnu, es stiprāk lūdzos par ļaudīm, kas nokļuvuši sarežģītā situācijā, nekad nenonievājot cilvēkus un no visas sirds kalpoju tiem. Staigājošiem Gaismā jāparāda līdzjūtība pret tiem, kas kļūdās, jāpiedod un jāattaisno to kļūdas, tā vietā lai norādītu uz viņu vainu.

Darot Dieva darbu, jums nav jāizstāda izrādīšanai savas spējas vai sasniegumi, bet jāatzīst to centieni ar kuriem strādājat. Atzīstiet viņu panākumus un paslavējiet līdzstrādniekus, un tas atnesīs jums daudz vairāk prieka un laimes.

Vai jūs varat iedomāties, cik Dievam patīkami, ka Viņa bērni kļūst līdzīgāki Kunga sirdij? Kā Dievs staigāja ar Enohu 300 gadus, tā Viņš staigās ar tiem bērniem, kuri tiecas līdzināties Viņam visā. Viņš tos ne tikai svētīs ar veselību un veiksmi visos darbos, Viņš tiem dos savu spēku un lietos tos kā vērtīgus traukus.

Ja jūs domājat, ka esat ar ticību un Dieva mīlestību, pārbaudiet sevi, pārliecinieties, ka jūs staigājiet Gaismā, ka jūsu dzīve atspoguļo Viņa mīlestību, ka jums ir īsta sadraudzība ar Viņu. Mūsu Kunga Jēzus Kristus vārdā es to lūdzos.

5. Svētruna

Gaismas spēks

1. Jāņa vēst. 1:5

„Šī ir tā vēsts, ko esam no Viņa dzirdējuši un pasludinām jums, ka Dievs ir gaisma un Viņā nav it nekādas tumsības,"

Bībelē mēs lasām, kā pēc Dieva spēka brīnumdarbiem, ko veica Viņa Dēls Jēzus, neskaitāms ļaužu daudzums ieguva glābšanu, tika dziedināti, saņēma atbildes uz lūgšanām. Pēc Jēzus vārdiem atkāpās slimības un ļaužu vainas. Aklie ieguva redzi, pie mēmajiem atgriezās runas dāvanas, kurlie sāka dzirdēt. Tika dziedināti cilvēks ar nokaltušu roku, klibie un paralizētie. Vēl vairāk, tika izdzīti ļaunie gari un cēlās augšā mirušie.

Brīnumainos Dieva spēka darbus parādīja ne tikai Jēzus, bet arī Vecās Derības pravieši un Jaunās Derības apustuļi. Protams Jēzus brīnumus nevar salīdzināt ar tiem, ko darīja apustuļi. Bet ļaudīm, pieaugot līdzībā Jēzum, Viņš deva Savu spēku un lietoja tos kā Savus traukus. Dievs, kas ir Gaisma, parādīja spēku caur tādiem kalpotājiem, kā Stefans un Filips, tādēļ ka viņi bija šķīstījušies staigājot Gaismā, līdzinājās Kungam.

Apustulis Pāvils parādīja tādu Dieva spēku, ka viņu uzskatīja par „dievu."

No visiem Jaunās Derības varoņiem Pāvils kļuva par otro aiz Jēzus pēc lielajiem Dieva spēka darbiem, kurus viņš darīja. Viņš liecināja Evaņģēliju pagāniem, kas nezināja Dievu, viņa vārdus pavadīja zīmes un brīnumi. Ar šo spēku Pāvils liecināja par patieso Dievu un Jēzu Kristu.

Elkdievība un burvestība bija plaši izplatītas starp pagāniem tajā laikā. Bija arī tādi, kas apzināti ieveda citus maldos. Evaņģēlija sludināšanai tādiem ļaudīm bija vajadzīgas Dieva spēka izpausmes, kuras daudz spēcīgākas par ļauno garu burvestībām un brīnumdarbiem (Vēst. Romiešiem 15:18-19).

Un tālāk pēc teksta Apustuļu darbos 14:8, mēs lasām, kā apustulis Pāvils sludināja Dieva vārdu Listrā. Kad Pāvils pavēlēja cilvēkam, kas bija klibs no dzimšanas, „celies un stāvi stingri uz savām kājām!", tas tūlīt pat piecēlās un sāka staigāt (Apustuļu d. 14:10). Ieraudzījuši, ko izdarīja Pāvils, ļaudis sāka saukt: „Pie mums ir nonākuši dievi cilvēku izskatā," (Ap.d. 14:11).

Apustuļu darbos 28 nod. aprakstīts, kā Pāvils nokļuva Melitas salā pēc kuģa avārijas. Kad viņš savāca žagarus ugunskuram, indīga čūska, uguns pievilināta pieķērās pie viņa rokas. Apkārtējie gaidīja, ka tā uzpamps, vai ka viņš pēkšņi nokritīs miris; bet redzot, ka ar viņu nekas slikts nenotika, nolēma ka viņš ir dievs. (6p).

Apustulim Pāvilam bija Dievam tīkama sirds, tādēļ Dievs ļāva viņam darīt Viņa spēka darbus, bet ļaudīm šķita, ka viņš bija „dievs."

Dieva Gaismas spēks.

Spēks tiek dots ne pēc lūdzēja vēlmēm, bet tas tiek dots tikai tiem, kas kļūst līdzīgi Dievam, sasniedzot svēttapšanu. Šodien Dievs meklē ļaudis, kuriem Viņš var dot spēku, lai pielietotu tos kā goda traukus. Tādēļ Marka Evaņģēlijā 16:20, mums tiek atgādināts: „Bet viņi izgāja un sludināja it visur, un Kungs darbojās līdzi un vārdu apstiprināja ar līdzejošām zīmēm." Jēzus tāpat teica Jāņa Evaņģēlijā 4:48, ka „Ja jūs zīmes un brīnumus neredzat, jūs neticat."

Lai pievestu cilvēkus pie glābšanas vajadzīgs spēks, kas dots no Debesīm, kas spēj parādīt zīmes un brīnumus, liecinošus par Dzīvo Dievu. Un laikmetā, kad grēks un ļaunums īpaši piepildījuši pasauli, brīnumi un zīmes vajadzīgas vēl vairāk.

Ja mēs staigājam Gaismā un kļūstam vienoti ar Dieva Tēva Garu, mēs varam parādīt tādu pat spēku, kā Jēzus, mūsu Kungs mums apsolījis: „Patiesi, patiesi es jums saku: kas tic man, tas darīs tos darbus, ko es daru, un vēl lielākus par šiem darīs, jo es aizeju pie Tēva," (Jāņa 14:12).

Ja kāds parāda debesu Valstības spēku, kā to var darīt Dievs, tad tādu cilvēku atzīst par līdzīgu Dievam. Psalmos, 62:12, teikts: „Vienu reizi ir runājis Dievs, un divas reizes esmu dzirdējis, ka spēks ir pie Dieva." Ienaidnieks – velns un sātans nevar parādīt spēku, kas pieder Dievam. Kā garīgas būtnes tie ir ar kādu lielāku spēku, kuru lietojot viņi piemāna un ved prom ļaudis no patiesības, piespiežot pretoties Dievam. Viens fakts paliek nemainīgs; neviens nevar imitēt Dieva spēku, ar kuru Viņš pārvalda dzīvību, nāvi, svētības, lāstus, visas cilvēces vēsturi, radot kaut ko no nekā. Spēks pieder Dieva Valstībai, kas ir Gaisma, tas tiek dots tikai tiem, kas šķīstījušies, sasnieguši Kristus ticības līmeni.

Dievišķās varas, spēju un spēka atšķirības.

Dodot aprakstu Dieva spējām, daudzi pielīdzina varu pie spējām, vai spējas pie spēka, lai arī uzskaitītie trīs jēdzieni ir ar skaidrām atšķirībām.

„Spējas" – tas ir ticības spēks, pie kura neiespējamais cilvēkam iespējams Dievam. „Vara" – tas ir šķīsts un varens spēks, ko noteicis Dievs. Garīgajā sfērā spēks ir bezgrēcība. Citiem vārdiem, vara ir svētums, un svētdarīti Dieva bērni, kuri rūpīgi savas sirdis atbrīvojuši no ļauna un nepatiesības, var saņemt garīgo varu.

Kas tas tāds „spēks"? Spēks – tās ir spējas un vara no Dieva, kuras Viņš dod tiem, kas iznīdējuši sevī jebkāda veida ļaunumu un attīrījušies no netikumiem.

Minēšu piemēru. Cilvēkam ir „spējas" vadīt mašīnu, bet ceļa patruļai ir „vara" apturēt jebkuru transportu. Vara apturēt braucošu transportu oficieriem dota no augstākstāvošām institūcijām. Tādēļ, lai arī vadītājam ir „spēja" vadīt savu auto, tam nav „varas", kas ir ceļu policijas inspektoram, tādēļ viņam jāizpilda tā prasības.

Šajā gadījumā vara un spējas sadalītas. Bet kad vara un spējas savienotas vienā, to mēs saucam par spēku. Mateja Evaņģēlija 10:1, mēs lasām: „Jēzus, pieaicinājis savus divpadsmit mācekļus, deva tiem varu izdzīt nešķīstos garus un dziedināt visas slimības un kaites." Spēks nozīmē arī „varu" izdzīt ļaunos garus, un „spējas" dziedināt visas slimības un vainas.

Atšķirība starp dziedināšanas
dāvanu un spēku.

Tie no jums, kas nepazīst Dieva spēku, kurš ir Gaisma, bieži pielīdzina to dziedināšanas spējām. Pie dziedināšanas dāvanas 1. vēst. Korintiešiem 12:9, attiecas darbs, lai iznīcinātu vīrusu – infekcijas slimības. Šī dāvana neārstē kurlumu, mēmumu, kas ir cilvēkā orgānu deģenerācijas procesa rezultātā, vai nervu šūnu atmiršanu. Tādas slimības un kaišu attīstība var tikt dziedinātastikai Dieva spēkā un pēc Viņam tīkamas lūgšanas ticībā. Taču, neskatoties uz to, ka Dieva spēks nemainīgs, dziedināšanas dāvana ne vienmēr pienes rezultātus.

No vienas puses, Dievs dod dziedināšanas spējas tiem, kas kaut arī nav sasnieguši sirds svēttapšanas līmeni, bet ir ar mīlestību, daudz lūdzas par citiem un ir drosmīgi un derīgi lietošanai trauki.Bet ja dziedināšanas dāvana netiek lietota, lai Viņu pagodinātu, ne pēc vajadzības, bet ar personīgu izdevīgumu, Dievs noteikti to atņems.

No otras puses Dieva spēks tiek dots tikai cilvēkiem ar svētdarītām sirdīm; vienreiz dotais spēks nevājinās, nedziest, tādēļ ka to saņēmušais nekad nelietos to personīgam izdevīgumam. Otrādi, jo vairāk viņš kļūst līdzīgāks Kunga sirdij, jo augstāku spēka līmeni viņam dos Dievs. Ja cilvēka sirds un darbi kļūst vienoti ar Kungu, viņš varēs darīt tādus pat darbus, kurus darīja uz zemes Pats Kungs Jēzus Kristus.

Ir atšķirība tajā, kā parādās Dieva spēks. Dziedināšanas spējas nevar atbrīvot no nāvējošām un retām saslimšanām. Tiem, kam maza ticība, grūti atveseļoties. Tomēr nav nekā neiespējama Dieva spēkam, kurš ir Gaisma. Kad pacients parāda kaut nedaudz ticības, dziedināšana Dieva spēkā notiek nekavējoši. Šeit ar „ticību" domāta garīgā ticība, kas dzīvo cilvēka sirdī.

Četri Dieva spēka līmeņi, kas ir Gaisma.

Caur Jēzu Kristu, kurš nemainās ne vakar, ne šodien, ikviens, kas Dieva acīs tiek atzīts par derīgu trauku parādīs Viņa spēku.

„Es raudāju dienu un nakti. Ļaudis man darīja pāri un skatījās uz mani šķībi, jo man bija AIDS.

Kungs dziedināja mani savā spēkā, atgrieza smieklus manā ģimenē. Es esmu tik laimīgs.”

Estebans Hjūninka dziedināts no AIDS.

Ir daudz dažādu Dieva spēka izpausmju līmeņu. Jo vairāk jūs piepildāties ar Garu, jo augstāks saņemtās ticības līmenis. Ticīgie, kuru garīgā redze atvērta, redz dažādus gaismas līmeņus, kas atbilst Dieva spēka līmeņiem. Cilvēks var sasniegt ceturto Dieva spēka līmeni.

Pirmais spēka līmenis demonstrē Dieva spēku ar sarkanu gaismu – Svētā Gara iznīcinošo uguni.

Svētā Gara uguns nāk no pirmā spēka līmeņa, kas parādās kā sarkana gaisma un dziedina slimības, ko izraisa mikrobi, vīrusu infekcijas. Tiek dziedināts vēzis, plaušu slimības, diabēts, nieru slimības, artrīts, sirds slimības, AIDS. Pārkāpušiem Dieva noteikto dzīvības robežu, kā arī pēdējā vēža vai plaušu slimības stadijā, nepietiek ar pirmā spēka līmeni, lai atveseļotos.

Bojātie orgāni vai to nepareizā funkcionēšana prasa lielāku spēku, kurš ne tikai dziedina, bet tos arī atjauno. Tādos gadījumos pacienta ticības līmeņa parādīšana, un tāpat arī viņa

„ Es ieraudzīju gaismu…
Es iznācu no tuneļa,
pa kuru gāju 14 gadus…
Es atmetu sev ar roku,
bet es atdzimu
Kunga Spēkā!"

Šama Masaca no Pakistānas, atbrīvojusies no 14 gadu dēmonu apsēstības

ģimenes un draudzes locekļu ticības līmenis noteiks, kādu Dievs parādīs Sava spēka līmeni.

No centrālās draudzes „Manmin" dibināšanas dienas mums ir neskaitāmi pirmā spēka līmeņa darbības gadījumi. Kad ļaudis klausījās Dievu un pieņēma lūgšanu, pašas nopietnākās un ielaistākās slimības atkāpās. Dievišķās dziedināšanas notika, kad ļaudis paspieda man roku, vai pieskārās manam apģērba stūrim, saņēma aizlūgšanu caur kabatas lakatiem, pār kuriem es lūdzos, klausījās lūgšanu pa telefonu vai, kad es lūdzos pār pacientu fotogrāfijām.

Pirmā spēka līmeņa darbība neaprobežojas tikai ar slimības iznīcināšanu Svētā Gara ugunī. Jebkurš cilvēks, ja lūdzas ar ticību un piepildās ar Svēto Garu, var sajust Dieva spēka varenību. Tomēr tā ir laicīga parādība un tā neliecina par to, ka cilvēks ieguvis pastāvīgu Dieva spēku. Tāda darbība notiek tikai tad, kad tas atbilst Viņa gribai.

Otrais Dievišķā spēka līmenis ir gaiši zilās krāsas manifestācija.

Pravietis Maleahija savā grāmatā 3:20, mums saka: „Un jums, kas bīstaties mana vārda, uzlēks taisnības saule un dziedinās ar saviem spārniem! Jūs iesiet un spriņģosiet kā baroti teļi." Ļaudis, kuru garīgā redze atvērta, redz gaismas starus, dziedināšanas starus, līdzīgus lāzeram.

Otrais spēka līmenis, izdzen tumsu un atbrīvo ļaudis, kas ir dēmonu apsēsti, atrodas sātana un dažādu nešķīstu garu varā. Garīgo slimību spektrs, kas izsaukts no tumsas spēkiem, ieskaitot autismu, psihiskās novirzes tiek dziedinātas ar otro spēka līmeni.

Tāda tipa slimības var novērst, ja mēs pildām bausli, vienmēr priecājamies un pateicamies Dievam visās situācijās. Ja tā vietā, lai priecātos un pateiktos, jūs sākat kādu neieredzēt, akumulējat negatīvas jūtas, domas, viegli sadusmojaties, jūs kļūstat aizvien uzņēmīgāks pret psihiskām slimībām. Kad tiek izdzīti sātaniskie spēki, kas spiež cilvēku būt ļaunu nodomu varā, visas garīgās slimības dabīgā veidā tiek dziedinātas.

Laiku pa laikam otrais Dieva spēka līmenis dziedina ķermeņa slimības un fiziskās vainas. Šīs slimības un kaites ir radušās nešķīsto garu un dēmonu darbības rezultātā, tās tiek dziedinātas ar otro Dieva spēka gaismas līmeni. Šeit ar „fiziskām kaitēm" jāsaprot orgānu deģenerācija un paralīze, kā arī gadījumi ar mēmiem, kurliem, akliem no dzimšanas, paralizētiem utt.

Marka 9:14, un tālāk lasām tekstā par to, kā Jēzus izdzina „mēmo un kurlo garu" no zēna (25p.). Zēns bija kurlmēms no tajā mājojošā ļaunā gara. Kad Jēzus izdzina garu, zēns uzreiz izveseļojās.

Analoģiski tam, gadījumos, kad vainas iemesls ir tumsas spēki un dēmoni, lai pacients atveseļotos nepieciešams izdzīt nešķīstos garus. Ja kāds nervu spriedzes rezultātā sācis ciest no gremošanas trakta problēmām, vājuma iemeslu var likvidēt ar sātanisko spēku izdzīšanu. Pie tādām slimībām kā paralīze un artrīts, arī atrodama tumsas spēku iedarbība. Reizēm medicīniskā diagnostika neatklāj nekādas fiziskās novirzes, bet cilvēks cieš no

„O, Dievs!
Vai tas iespējams?
Nevaru noticēt, ka es staigāju!"

Padzīvojusi kenijiešu sieviete sāka staigāt pēc lūgšanas katedras

viena, tad no cita orgāna sāpēm. Kad es lūdzos par kādu, kam ir līdzīgi simptomi, ticīgie, kuriem ir atvērta garīgā redze, bieži redz tumsas spēkus pretīgu dzīvnieku formā, kas pamet šī pacienta ķermeni.

Bez tā, ka otrais Dieva Gaismas spēka līmenis izdzen tos tumsas spēkus, kuri vainīgi pie slimībām un fiziskām kaitēm, viņš var izdzīt arī tumsas spēkus, kas atklāti cilvēku dzīvesvietās un darbā. Ticīgais, kas spēj parādīt otro Dieva spēka līmeni apmeklē cietušos no vajāšanām darbā, ģimenē un, kad tumsa izdzīta uz viņiem nonāk Gaisma un svētības.

Mirušo augšāmcelšana vai kādas dzīves noslēgšana, saskaņā ar Dieva gribu, - tas ir Dieva spēka otrā līmeņa darbs. Pie šīs kategorijas attiecas sekojošie notikumi: Pāvils atgriež pie dzīvības Eutuhiju (Apustuļu d. 20:1-11); pravietis Elīsa nolādēja bērnus un viņi nomira (2. Samuēla 2:23-24).

Ir fundamentāla atšķirība tajā, ko darīja Jēzus un apustuļi Pāvils, Pēteris un pravietis Elīsa. Beigu beigās tikai Dievs, visu dvēseļu Kungs, var noteikt cilvēkam dzīvot vai nomirt. Taču, tā

„Es nevarēju skatīties uz savu apdegumiem
sakropļoto ķermeni...

Kad es biju viena, Viņš atnāca pie manis,
Izstiepa roku un nolika šev blakus.

Ar viņa mīlestību es ieguvu jaunu dzīvi...
Ko es varu darīt prieks Kunga?"

Vecākā diakone Junduka Kima,
Dziedināta no plaša apdeguma.

kā Jēzus un Dievs Tēvs ir viens, ko vēlas Jēzus, to vēlas arī Dievs. Tādēļ Jēzus varēja atgriezt dzīvē mirušos ar Savu Vārdu (Jāņa 11:43-44), tajā laikā, kā citiem praviešiem un apustuļiem vajadzēja prasīt Dieva gribu un Viņa atļauju, lai kādu augšāmceltu.

Trešais Dieva spēka līmenis – baltais, vai bezkrāsas gaisma, ko pavada dažādas zīmes un radīšanas darbi.

Pie trešā Dieva spēka līmeņa, kurš ir Gaisma, parādās dažādas zīmes un radīšanas darbi. Šeit „zīmes" attiecas uz dziedināšanu, kad aklie iegūst spēju redzēt, mēmie runas dāvanas, bet kurlie sāk dzirdēt. Paralizētie pieceļas un staigā, pagarinās īsākas kājas, bērnu cerebrālā trieka pilnībā atkāpjas. Deformētās vai pilnībā deģenerētās no dzimšanas ķermeņa daļas atjaunojas. Saaug lauztie kauli, rodas trūkstoši kauli; bija gadījums, kad izauga mēle, kas no dzimšanas bija nepietiekoši attīstīta, noformējās izkaltušas cīpslas. Vēl vairāk, tā kā Dieva spēka pirmais, otrais untrešais līmenis parādās vienlaicīgi, tad ar trešā gaismas līmeņa parādīšanos, fizisko slimību vainu problēmas atkāpjas.

Dievs spējīgs radīt visu jaunu pat cilvēkam, kas saņēmis apdegumus no galvas līdz pēdām, kad sadeguši muskuļi un šūnas un pat, kad miesa praktiski izvārīta verdošā ūdenī. Dievs spējīgs radīt no nekā. Viņa spēkos ne tikai salabot nedzīvus priekšmetus, piemēram, mehānismu vai aprīkojumu, bet arī cilvēka organismu.

Centrālajā „Manmin" draudzē pēc lūgšanas caur kabatas lakatiem vai telefona ierakstu atbildētājā, sāka funkcionēt iekšējie orgāni, kas nedarbojās slimības vai traumas rezultātā. Stipri bojātas plaušas izveseļojās, nierēs un aknās, kurām bija vajadzīga transplantācija, atjaunojās funkcijas. Viss tas notika zem Dieva trešā spēka līmeņa iedarbības.

Jāatšķir skaidri viens faktors. No vienas puses, ja atjaunojas vāja orgāna funkcijas, darbojas pirmais Dieva spēka līmenis. No otras puses, ja sāk funkcionēt ķermeņa daļa, kurai nebija iespējas atjaunoties, vai tā tika radīta no jauna, tā ir – trešā Dieva spēka līmeņa darbība, dzīvu darošs spēks, kas pārvar kaites.

Ceturtais spēka līmenis – Dieva spēka parādīšanās ar zeltītu gaismu, spēka kulminācija.

Skatoties uz to, ko darīja Jēzus savas zemes kalpošanas laikā, redzams, ka ceturtais spēka līmenis pārvalda visu un visus: dzīvos un nedzīvos priekšmetus. Mateja Evaņģēlijā 21:19, mēs lasām, ka Jēzus nolādēja vīģes koku: „un vīģes koks tūdaļ nokalta."Turpat 8:23 un tālāk tekstā, mēs lasām, ka Jēzus nomierināja spēcīgo vētru un trakojošos viļņus. Pat daba klausa un pakļaujas Jēzus pavēlēm.

Vienreiz Jēzus teica Pēterim izmest tīklu, un kad tas paklausīja, tad loms bija tik bagāts, ka tīkli plīsa no noķerto zivju smaguma (Lūkas 5:4-6). Citā reizē Jēzus lika Pēterim: „aizej uz jūru un izmet makšķeri, un ņem pirmo zivi, kas pieķersies, un, tās muti atvēris, tu atradīsi sudraba monētu; ņem to un dod viņiem

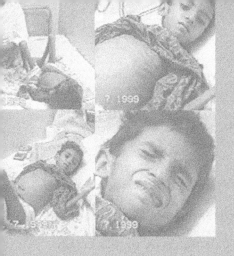

,,Man tik ļoti sāp... Man tik ļoti sāp

Es nevaru atvērt acis,...
Neviens nesaprata, ko es jūtu, bet Kungs zināja visu un dziedināja mani.''

par mani un sevi," (Mateja 17:24-27).

Dievs ar Savu Vārdu radīja Visumu; kad Jēzus deva pavēles, Visums Viņam paklausīja. Līdzīgi tam arī mēs, kad patiesi ticam, uzzinām, ka „ticība ir stipra paļaušanās uz to, kas cerams; pārliecība par neredzamām lietām," (Vēst, Ebrejiem 11-1). Tad arī parādīsies spēka darbi, kuri rada no nekā.

Ceturtajā Dieva spēka līmenī darbība notiek pārvarot laika un telpas robežas.

Jēzus parādīja Dieva spēku, kas spēj pārvarēt laiku un telpu. Marka Evaņģēlijā 7:24, ir notikums, kad sieviete lūdz dziedināt viņas meitu, kas bija dēmonu apsēsta. Ieraudzījis sievietes pazemību un ticību Jēzus viņai teica: „Šī vārda dēļ ej; dēmons ir izgājis no tavas meitas," (29p.). Kad sieviete atgriezās mājās viņa ieraudzīja, ka dēmons izgājis, un meita gultā guļ.

Jēzus nevarēja personīgi apmeklēt visus cietējus, bet, kad Viņš redzēja slimo vai viņu tuvinieku ticību, Viņš ar vārdu izdzina slimību – dziedināšana notika neatkarīgi no laika un telpas, kas to no Viņa šķīra.

Jēzus gāja pa ūdeni ar spēku, kas bija dots tikai Viņam vienam. Šīs fakts vēl reizi apstiprina, ka viss Visums atrodas Jēzus varā. Jēzus mums saka: „Patiesi, patiesi es jums saku: kas tic man, tas darīs tos darbus, ko es daru, un vēl lielākus par šiem darīs, jo es aizeju pie Tēva," (Jāņa 14:12). Pēc Viņa Vārda brīnumaini Viņa spēka darbi līdz šai dienai parādās Centrālajā „Manmin" baznīcā.

Piemēram, pie mums notiek brīnumi ar laika apstākļu izmaiņām. Kad es lūdzos momentā pārtraucas spēcīgas lietusgāzes, izklīst biezi mākoņi, paveras tīras debesis ar retiem nelieliem mākoņiem. Bijuši daudz gadījumu, kad nedzīvas lietas pakļāvās manai lūgšanai. Pat saindējoties ar tvana gāzi cilvēks, atrodoties bezsamaņā, pēc vienas – divām minūtēm pēc manas komandas nāk pie samaņas bez jebkādām sliktām sekām veselībai. Kad es lūdzos par pacientu, kas saņēmis trešās pakāpes apdegumu, ar vārdiem: „Sāpes no apdeguma, atstājiet viņu!",- cilvēks pārstāja just sāpes.

Dieva spēka darbi, pārvarot laiku un attālumu, nepārstāj pārsteigt mūs ar savām izpausmēm. Gadījums ar Sintiju, mācītāja Vilsona Džona Džila meitu, kurš ir draudzes Manmin mācītājs Pakistānā, īpašas ievērības cienīgs. Kad es, atrodoties Seulā, lūdzos pār Sintijas fotogrāfiju, pēc ārstu atzinuma bezcerīgi slimā meitenīte ātri atveseļojās pēc lūgšanas, kaut arī bija tūkstošiem kilometru no manis.

Kad sāk darboties ceturtais spēka līmenis, tas spēj dziedināt slimības, izdzīt ļaunā spēkus, parādīt zīmes un brīnumus, pavēlēt visam apkārt, parādās visu četru līmeņu apvienots spēks.

Visaugstākais radīšanas spēks.

Bībele vēsta, ka Jēzus darbojās ar spēku no augšienes, kuru mēs attiecinām uz spēku, kas pārspēj ceturto līmeni. Tas ir visaugstākais spēka līmenis, piederošs Radītājam. Tas iziet no Gaismas visa sākuma sākumiem, no Dieva Esamības.

Jāņa Evaņģēlijs 11. nod. stāsta, kā Jēzus pavēlēja Lācaram, kas bija miris pirms četrām dienām, kura ķermeni jau bija skārusi trūdēšana: „Lācar! Nāc ārā!" Paklausot Viņa Vārdam, mirušais iznāca no kapa, viņa ķermenis bija ietīts līķautos, pēc tā laika paražām (43-44p.).

Iznīdējot visa veida ļaunumu no sirds, kļūstot līdzīgi Debesu Tēvam, sasniedzot Gara pilnību, ticīgais ieies garīgajā sfērā. Jo vairāk viņš zina par garīgo sfēru, jo augstāks pēc līmeņa, caur viņu parādīsies Dieva spēks.

Šajā momentā ticīgais sasniedz tādu spēku, kuru var parādīt tikai Dievs, tas ir visaugstākais radības spēks. Ja cilvēks to sasniedz, viņš arī varēs darīt brīnumus, kā to darīja Dievs, radot Visumu.

Piemēram, kad viņš pavēl aklam atvērt acis, pie tā tūdaļ atgriežas redze. Ja viņš pavēl mēmajam runāt, tas atgūst runas spējas. Ja viņš pavēl kroplajam piecelties, tas nekavējoši sāk staigāt un pat skraidīt. Kad viņš pavēl trūdošiem orgāniem un ķermeņa daļām atjaunoties, tās atjaunojas.

Tas tiek sasniegts ar Gaismu un Dieva Balsi, Kurš no iesākuma eksistēja kā Gaisma un Balss. Tā tiek dziedināti ļaudis, kas pārkāpuši Dieva noliktās dzīves robežas, kuru slimības un fiziskās kaites nepadodas pirmā, otrā un trešā spēka līmeņa dziedināšanai.

Dieva Gaismas spēka apgūšana.

Kā mums līdzināties Dieva sirdij, Kurš ir Gaisma, kā saņemt Viņa spēku un pievest neskaitāmas dvēseles pie glābšanas?

Pirmais, mums ne tikai jāizvairās no jebkāda veida ļaunuma un jāsasniedz svēttapšana, bet jāiegūst labprātība sirdī un jātiecas uz visaugstāko labumu.

Ja jūsos nav negatīvu jūtu pret tuvāko, kurš ļoti apgrūtina jūsu dzīvi, vai sagādā jums ne mazums nepatikšanu un pat pārestības, vai var teikt, ka jūs esat labsirdīgi? Nē, runa nav par to. Pat ja viss arī tā, kā iepriekš teikts, Dieva acīs – tas ir tikai pirmais solis uz labprātību.

Augstākā labprātības līmenī ticīgais runā un izturas tā, ka var aizskart to sirdis, kas apbēdina viņu. Visaugstākais labprātības līmenis, kas patīk Dievam, ļauj cilvēkam ziedot savu dzīvību par savu ienaidnieku.

Jēzus varēja piedot tiem, kas viņu sita krustā. Viņš atdeva Savu dzīvību par grēciniekiem, jo atradās uz visaugstākā labprātības līmeņa. Gan Mozus, gan apustulis Pāvils bija gatavi atdot savas dzīvības par tiem, kas meklēja viņu nāvi.

Kad Dievs jau bija gatavs iznīcināt Izraēla tautu, kas nostājās uz elkdievības ceļa un pretojās Dievam, neskatoties uz brīnumu un zīmju liecībām, kā izturējās Mozus? Viņš patiesi lūdza Dievu: „Piedod tiem viņu grēku, ja ne tad izdzēs mani no Savas grāmatas, ko tu esi rakstījis," (2. Mozus 32:32). Tāpat izturējās arī Pāvils. Viņš atzīstas vēst. Romiešiem 9:3: „Jo es vēlētos pats būt nolādēts, nošķirts no Kristus, par labu saviem brāļiem, saviem miesīgajiem tautiešiem." Pāvils sasniedza visaugstāko labprātību, tādēļ viņu vienmēr pavadīja lieli Dieva darbi.

Tālāk mums jāsasniedz garīgā mīlestība.

Mīlestība šeit izdziest. Neskatoties uz to, ka ļaudis turpina atzīties cits citam mīlestībā, ar laiku mēs redzam, ka tā ir vienīgi miesīga, mainīga mīlestība. Dievišķa mīlestība – garīga, paaugstināta, tās apraksts dots 1. vēstulē Korintiešiem 13. nod.

Pirmais, „mīlestība ir pacietīga, mīlestība ir labvēlīga, tā nav skaudīga." Kungs piedevis mums visus grēkus un pārkāpumus, atvēris mums glābšanas durvis, pacietīgi gaidot pat tos, kuriem piedot nevar. Un kaut arī mēs sludinām savu mīlestību uz Kungu, mēs esam tik ātri nosodīt un apvainot, kā tikai kaut kas notiek ne tā, kā mums gribētos. Vai tad mēs neizjūtam skaudību pret vairāk veiksmīgiem ļaudīm?

Tālāk, „mīlestība nelielās, tā nav uzpūtīga" (4p.). Mēs godinām Kungu ārēji, bet sirdī vēlamies atzinību, izrādāmies, necienām citus, pamācām tos, tādēļ ka mūsu amats mums to pieļauj. Tā ir lielība un lepnība.

Tālāk, mīlestība „nav nepiedienīga, nemeklē savu pašas labumu, neskaišas, nepiemin ļaunu" (5p.). Rupja uzvedība attiecībā pret Dievu un cilvēkiem, mūsu mainīgās sirdis, centieni sasniegt sekmes uz tuvākā rēķina, viegli rodošās ļaunās jūtas, tendence domāt par visiem negatīvi un tamlīdzīgas lietas nesekmē mīlestību.

Un beidzot, mīlestība „nepriecājas par netaisnību, bet priecājas par patiesību," (6p). Ja mums ir mīlestība, vienmēr staigāsim un priecāsimies patiesībā. 3. Jāņa vēst. 1:4, mums saka: „Man nav lielāka prieka kā dzirdēt, ka mani bērni dzīvo patiesībā." Patiesībai jākļūst priekš mums par prieka un laimes avotu.

Beidzot, mīlestība „panes visu un uzticas visam, tā cer uz visu un iztur visu" (7p.). Tie, kam ir Dieva mīlestība iepazīt Dieva gribu, kas ļauj viņiem ticēt visam. Kā tikai cilvēks sāk no visas sirds gaidīt Kunga atnākšanu, debesu balvas, viņš sāk cerēt uz Visaugstāko, izturēt grūtības un tiekties piepildīt Viņa gribu.

Lai parādītu Viņa mīlestības liecības tiem, kas paklausa patiesībai, labprātībai, mīlestībai kā mācīts Bībelē, Dievs, kas ir Gaisma, dāvā mums Savu spēku. Viņš tāpat ar prieku atbild uz to lūgumiem, kas cenšas staigāt Viņa Gaismā.

Pārbaudīsim sevi, dārgie brāļi un māsas un attīrīsim savas sirdis. Es lūdzos par to, lai jūs saņemtu bagātīgas Dieva svētības un atbildes uz savām lūgšanām, kļūtu Viņam derīgi trauki, iegūtu Dieva spēku mūsu Kunga Jēzus Kristus vārdā!

6. svētruna

Aklo acis atvērsies

Jāņa, 9:32-33

,,Nemūžam nav dzirdēts, ka kāds būtu atdarījis acis tādam, kas akls kopš dzimšanas. Ja viņš nebūtu no Dieva, viņš neko nevarētu darīt,"

Apustuļu, 2:22, Jēzus māceklis Pēteris ieguvis Svēto Garu, teica jūdiem vārdus citējot pravieti Joēlu: „Izraēliešu vīri, klausieties šos vārdus: Jēzu, Nācarieti, vīru, ko Dievs, kā jūs paši to zināt, apstiprinājis ar vareniem darbiem, brīnumiem un zīmēm, ko Dievs darīja caur viņu jūsu vidū." Lielie Jēzus spēka darbi, zīmes un brīnumi kļuva par iemeslu tam, ka jūdi piesita krustā Mesiju, kura atnākšana bija pravietota vēl Vecajā Derībā.

Pēc tam, kad Svētais Gars nonāca uz Pēteri, viņš pats darīja spēka darbus. Viņš dziedināja no dzimšanas klibo, kas lūdza dāvanas pie tempļa (Apustuļu 3:8); ļaudis iznesa slimos uz ielām, lai kaut Pētera ēna, garām ejot tos apēnotu (Apustuļu 5:15).

Tā kā spēks – tā ir Dieva klātesamības liecība tiem, kas to parāda un cerīgs veids, lai iesētu ticības sēklu neticīgo sirdīs, tad Dievs dod spēku tikai tiem, kas tā cienīgi.

Jēzus dziedina no dzimšanas aklo.

Stāsts, no Jāņa Evaņģēlija 9. nodaļas sākas ar to, ka Jēzus Savā ceļā satika cilvēku, kas no dzimšanas bija akls. Mācekļi gribēja uzzināt, kāpēc viņš piedzimis akls: „Rabi, kas ir grēkojis, viņš pats vai viņa vecāki, ka viņš neredzīgs piedzimis?" (2p.). Atbildot Jēzus paskaidroja viņiem tā: „Ne viņš ir grēkojis, ne viņa vecāki, bet Dieva darbiem vajag parādīties viņā," (3p.). pēc tam Viņš spļāva zemē un izveidojis putriņu, uzlika to uz aklā acīm un pavēlēja: „Ej, mazgājies Zilonas dīķī," (6-7p). aklais paklausīja, aizgāja pie ūdens nomazgājās un kļuva redzīgs.

Šis dziedināšanas gadījums nedaudz atšķiras no daudzām citām Jēzus dziedināšanām. Cilvēks neprasīja par dziedināšanu, bet otrādi, Jēzus vērsās pie viņa un pilnībā viņu dziedināja.

Kādēļ akli dzimušais ieguva tādu lielu žēlastību?

Pirmais: cilvēks bija paklausīgs.

Parastam cilvēkam viss, ko tajā reizē izdarīja Jēzus – spļāva zemē, taisīja putriņu no siekalām un zemes, uzlika uz acīm, pavēlēja nomazgāties baseinā ar ūdeni,- ir bez jebkādas jēgas.

Veselais saprāts neļauj noticēt, ka netīrumu kunkulis ļāva atgriezt cilvēkam redzi, kas piedzimis akls daudz gadus atpakaļ. Papildus vēl, ja cilvēks izdzirdēja Jēzus pavēli, nezinot par Viņa brīnumiem, viņš, kā arī vairums citu ļaužu viņa situācijā, ne tikai nenoticētu, bet arī sadusmotos. Bet tā neizturējās šis cilvēks. Viņš nekavējoties paklausīja Jēzum un izdarīja visu pēc Viņa vārda. Visiem par brīnumu viņš sāka redzēt.

Ja domājat, ka Dieva Vārds nav savienojams ar veselo saprātu vai cilvēcisko pieredzi, mēģiniet paklausīt Viņa Vārdam ar pazemīgu sirdi, kā to izdarīja no dzimšanas aklais. Un Dieva labvēlība apņems jūs, un kā atvērās šī cilvēka acis, brīnumainas svētības atvērsies jums.

Otrkārt: no dzimšanas aklajam, kas atšķīra patiesību no meliem, atvērās garīgā redze.

No šī cilvēka sarunas ar jūdiem, kas notika pēc dziedināšanas, mēs redzam, ka kaut arī viņš bija fiziski akls, bet bija ar labu sirdi, spēja atšķirt labu no ļauna. Tieši otrādi, jūdi bija garīgi akli, ieslēgušies ciešos likuma rāmjos. Kad farizeji gribēja uzzināt dziedināšanas detaļas, bijušais aklais droši tiem paziņoja: „Cilvēks, kuru sauc Jēzus, uztaisīja svaidāmo, svaidīja ar to manas acis un sacīja man: ej uz Zilou un mazgājies! – Tad es aizgāju, mazgājos un kļuvu redzīgs," (11p.).

Savā neticībā viņi pratināja cilvēku: „... ko tu pats saki par Viņu, ka Viņš atvēra tavas acis?" Viņš tiem atbildēja: „Viņš ir pravietis," (17p.). Cilvēks uzskatīja, ka, ja Jēzus bija tik spēcīgs, lai dziedinātu viņu no akluma, Viņam vajadzēja būt Dieva vīram. Rūgta ironija ir tajā, ka farizeji to norāja un teica: „Dod Dievam godu! Mēs zinām, ka šis cilvēks ir grēcinieks," (24p).

Tik ļoti neloģiska bija viņa piezīme? Dievs neatbild uz grēcinieku lūgšanām. Viņš nedod grēciniekiem spēku atvērt acis aklajiem. Farizeji nespēja tam noticēt uz saprast, bet dziedinātais aklais turpināja droši liecināt: „Mēs zinām, ka Dievs grēciniekus neklausa, bet, ja kāds ir dievbijīgs un dara Dieva prātu, to Viņš klausa. Nemūžam vēl nav dzirdēts, ka kāds būtu atvēris acis cilvēkam, kas neredzīgs piedzimis. Ja viņš nebūtu no Dieva, Viņš neko nevarētu darīt," (31-33p.).

To dzirdot viņiem vajadzētu līksmot un slavēt Dievu. Bet viņi sāka tiesāt, apvainot un ienīst. Esot garīgi analfabēti, viņi secināja, ka pati Dieva darbība kļuva par pretošanos aktu Viņam pašam. Bībele mums saka, ka tikai Dievs var atvērt acis aklajam.

Psalms 146:8, atgādina: „Kungs atdara acis aklajiem, Kungs paceļ nomāktos, Kungs mīl taisnos." Pravietis Jesaja savā grāmatā 29:18, raksta: „Tajā dienā kurlie dzirdēs grāmatas vārdus, no miglas un tumsas raudzīsies aklo acis!" Šī paša pravieša grāmatā 35:5, tāpat teikts: „Tad aklajiem atvērsies acis un atdarīsies kurlā ausis." Šeit, „tajā dienā" un „tad" attiecas uz dienu, kad atnāks Jēzus un dos redzi aklajiem.

Bet savā garīgajā aprobežotībā un grēcīgumā jūdi nevarēja noticēt Dieva darbiem, ko parādīja Jēzus un nosodīja Jēzu kā grēcinieku, kas nepaklausa Dieva Vārdam. Dziedinātais cilvēks nebija ļoti zinošs rakstos, bet pēc savas sirds labestības viņš zināja patiesību: Dievs neklausa grēciniekus. Cilvēks tāpat zināja, ka tikai Dievs atver acis.

Trešais: saņēmis Dieva žēlastību, dziedinātais aklais nostājās Kunga priekšā un pieņēma lēmumu sākt jaunu dzīvi.

Līdz šai dienai es savām acīm redzu neskaitāmus gadījumus, kad ļaudis, stāvoši uz nāves sliekšņa, tika stiprināti, saņēma atbildes uz lūgšanām un atrisināja visdažādākās savas dzīves problēmas Centrālajā „Manmin" draudzē. Es raudu par tiem, kas saņēma Dieva žēlastību, bet atstāja ticību un aizgāja pasaulē, padodoties savas sirds nepastāvībai. Kad saduras ar zaudējumu sāpēm vai slimībām, viņi ar asarām atgriežas un lūdzas: „Dzīvošu tikai priekš Kunga, ja izveseļošos." Bet pēc atveseļošanās, svētību piepildīti, meklē savu pasaulīgo izdevīgumu, viņi atstāj labprātību un novēršas no patiesības. Viņi, iespējams, atrisinājuši savas fiziskās problēmas, bet tam nav jēgas, tā kā viņu gars nogājis

„Māmiņ, pirmo reizi es redzu
gaismu...
Es nekad nedomāju, ka tas notiks
ar mani..."

Dženifera Rodrigesa no Filipīnām,
akla no dzimšanas, ieguva redzi astoņu gadu vecumā.

no glābšanas ceļa un devies uz pazušanu.

Dziedinātais, kas bija akls no dzimšanas, bija ar labu sirdi, kas nevarēja nepateikties. Tādēļ, kad Jēzus viņu sastapa, Viņš ne tikai dziedināja, bet arī deva viņam pārliecību par glābšanu. Jēzus viņam vaicāja: „... vai tu tici Cilvēka Dēlam?", - tas atbildēja: „Bet kurš tad tas ir, Kungs, lai es ticētu viņam?" (Jāņa 9:35-36). Cilvēks ne tikai ticēja, viņš pieņēma Jēzu kā Kristu. Šīs cilvēks liecināja, ka ne tikai sekos Kungam, bet arī dzīvos tikai priekš Kunga.

Dievs vēlas, lai mēs visi nāktu pie Viņa tieši ar tādu sirdi. Viņš vēlas, lai mēs viņu meklētu ne tādēļ, ka Viņš dziedina un svētī. Bet lai mēs saprastu viņa patieso mīlestību, ar kuru Viņš bez jebkādiem noteikumiem atdeva mums Savu vienīgo Dēlu, lai mēs pieņemtu Viņu kā Glābēju. Mums ne tikai ar vārdiem jāmīl Viņu, bet arī darbos jāpilda Viņa Vārdu. 1. Jāņa vēst. 5:3, Viņš mums saka: „Jo tā ir mīlestība uz Dievu, ka turam viņa baušļus, un viņa baušļi nav grūti." Ja mēs patiesi mīlam Dievu, mums jāiznīdē viss ļaunums sevī un ikdienu jāstaigā Vārdā.

„ Mani turp atveda sirds...
Es slāpu pēc žēlastības...

Dievs dāvāja man lielu dāvanu.
Es esmu laimīga ne tik daudz no tā, ka es ieguvu
redzi, cik no satikšanās ar Dzīvo Dievu!"

Marija no Hondurasas, zaudēja redzi labajā acī, divu gadu vecumā.
Atguva redzi pēc dr. Džeja Roka Lī lūgšanas.

Ja mēs kaut ko lūdzam Dievam ar tādu ticību un mīlestību, vai Viņš mums neatbildēs? Mateja Evaņģēlija 7:11, Jēzus apsolīja mums: „Ja nu jūs ļauni būdami, saviem bērniem dodat labas dāvanas, cik daudz vairāk laba jūsu debesu Tēvs dos tiem, kas viņu lūdz." Ticiet, ka Debesu Tēvs atbildēs uz Savu iemīlēto bērnu lūgšanām.

Nav svarīgi ar kādu slimību vai ar kādu vajadzību jūs nākat pie Dieva. Jūs atzīšanās: „Kungs! Es ticu!" - nākoša no visas sirds, jūsu ticības darbi būs sadzirdēti. Un Kungs, kas dziedināja no dzimšanas aklo, izārstēs jebkuras slimības, neiespējamo izdarīs iespējamu, atrisinās visas jūsu dzīves problēmas.

Centrālajā „Manmin" baznīcā notiek neredzīgo dziedināšanas.

No dibināšanas dienas 1982. gadā, draudze, „Manmin" pagodinājusi Dievu caur neredzīgo dziedināšanām. Daudzi no dzimšanas akli ļaudis ieguva spēju redzēt. Uzlabojās redze arī

„Ārsti man teica, ka es drīz
neredzēšu...
Pasaule satumsīs....

Pateicos, Kungs, par gaismu...

Es Tevi gaidīju... "

Mācītājs Rikardo Morales no Hondurasas gandrīz kļuva akls
transporta avārijas rezultātā.
Redze atgriezās pēc lūgšanas.

ļaudīm, kuri pirms tam varēja paļauties tikai uz brillēm vai kontaktlēcām. No daudzajām liecībām man gribētos minēt sekojošās.

Novadot lielu Evaņģelizācijas pasākumu Hondurasā, 2002. gada jūlijā, sapulcē piedalījās divpadsmitgadīga meitene Marija, kura pazaudēja labajā acī redzi pēc tam, kad divu gadu vecumā pārslimoja drudzi. Viņas vecāki darīja visu iespējamo priekš viņas izveseļošanās. Viņai pat izdarīja radzenes pārstādīšanas operāciju, kas viņas redzi neuzlaboja. Pēdējos gados Marijas labā acs pārstāja atšķirt pat gaismu.

2002. gadā, ļoti vēloties saņemt Dieva žēlastību, Marija atnāca uz pasākumu un saņēma manu aizlūgumu. Viņa uzreiz sāka ar labo aci atšķirt gaismu, un ļoti drīz redze atjaunojās. Labās acs bērnībā atmirušie nervi, bija no jauna radīti Dieva spēkā. Vai tas nav apbrīnojami? Neskaitāms ļaužu daudzums Hondurasā priecājās un sauca: „Dievs dzīvs! Viņš darbojas pat mūsdienās!”

Mācītājs Rikardo Morales bija gandrīz akls un pilnībā

izveseļojās apmazgājies Muanas saldūdenī. Septiņus gadus pirms Evaņģelizācijas pasākuma Hondurasā, mācītājs Rikardo nokļuva dzelzceļa avārijā, kuras laikā viņš savainoja acs tīkleni un cieta no stipra asins izplūduma. Ārsti paziņoja viņam, ka viņš pakāpeniski zaudēs redzi un kļūs akls. Bet viņš kļuva dziedināts jau pirmajā baznīcu līderu konferencē, pirms Evaņģelizācijas pasākuma sākuma 2002. gadā. Sadzirdējis Dieva Vārdu, viņš ticībā apmazgāja acis Muanas saldūdenī un par lielu pārsteigumu sev, pēc minūtes sāka labāk redzēt. Sākumā, tā kā viņš nebija gaidījis tādu efektu, mācītājs Rikardo atnāca uz pirmo pasākuma sapulci brillēs. Negaidīti viņa briļļu lēcas nokrita, un viņš sadzirdēja Svētā Gara balsi: „Tūlīt pat noņem brilles, savādāk paliksi akls." Mācītājs Rikardo noņēma brilles un saprata, ka viņš skaidri redz bez to palīdzības. Redze atjaunojās un mācītājs Rikardo deva godu Dievam.

Manmin baznīcā Nairobi (Kenija) jauneklis, vārdā Kombo kādreiz aizbrauca uz savu dzimto pilsētu – tas bija 400 kilometri no baznīcas. Atrodoties tur, viņš dalījās Labajā Vēstī ar savas ģimenes locekļiem un pastāstīja tiem par brīnumainajiem Dieva spēka darbiem, kas notiek „Manmin" Centrālajā draudzē, Seulā. Viņš palūdzās par tiem ar lakatu, pār kuru es biju lūdzies. Kombo tāpat uzdāvināja savējiem mūsu baznīcas mājas kalendāru.

Paklausoties savu mazdēlu, kas sludināja Evaņģēliju, aklā vecmāmiņa sagribēja ieraudzīt dr. Džeja Roka Lī fotogrāfiju. Viņa paņēma rokās kalendāru. Tas, kas notika tālāk, bija patiesi brīnums. Kā tikai Kombo vecmāmiņa atvēra kalendāra lapas, viņas acis sāka redzēt, un viņa varēja ieraudzīt fotogrāfiju. Aleluja! Kombo ģimene pie sevis izjuta Dieva spēku, un ieraugot, kā Dievs atgrieza redzi vecmāmiņai, visi kā viens ģimenē sāka ticēt Dzīvajam Dievam. Vēl vairāk, kad ziņa par šo notikumu izplatījās pa apkārtni, ļaudis prasīja, lai pie viņiem ciemā atvērtu draudzes filiāli.

Pateicoties spēka darbiem pa visu pasauli tika atvērtas baznīcas „Manmin" filiāles. Svētdarošais Evaņģēlijs tiek pasludināts visos zemes galos. Kad jūs atzīsiet un noticēsiet Dieva spēka darbiem, jūs arī varēsiet kļūt par viņa svētību mantotāju.

Tāpat kā Jēzus laikos, tā vietā, lai priecātos un kopā pateiktos Dievam, ļaudis turpina nosodīt un stāties pretī Svētā Gara darbiem. Mums jāsaprot, ka tas ir briesmīgs grēks, kā Jēzus brīdinājis Mateja Evaņģēlijā 12:31-32: „Tādēļ es jums saku: jebkurš grēks un jebkura zaimošana tiks cilvēkiem piedota, bet Svētā Gara zaimošana netiks piedota. Ja kāds ko sacīs pret Cilvēka Dēlu, tam tiks piedots, bet, kas ko runās pret Svēto Garu, tam netiks piedots nedz šajā, nedz nākamajā laikā."

Lai nepretotos Svētā Gara darbiem, bet izjustu Dieva spēka apbrīnojamos darbus, mums tie jāatzīst un jāvēlas to izpausmes, kā to izdarīja no dzimšanas aklais, par kuru rakstīts Jāņa Evaņģēlija 9. nodaļā. Par cik sevi cilvēks ir sagatavojis, lai saņemtu ticībā atbildes, tik viņš arī piedzīvo Dieva spēka iedarbību.

Ps. 18:26-27, teikts: „Uzticīgajam tu esi uzticīgs un krietnajam atdari, pret sirdsšķīsto tu esi sirdsšķīsts, pret viltnieku tu proti viltu!" Lai katrs no mums ticot Dievam, kas apbalvo pēc ticības darbiem, kļūst par Viņa svētību mantinieku. To lūdzos Kunga Jēzus Kristus vārdā!

Ļaudis piecelsies, lēkās un staigās

Marka 2:3-12

„ Te nāca četri vīri, kas nesa pie viņa kādu paralizēto. Kad ļaužu pūļa dēļ tie nevarēja viņam piekļūt, tie atsedza jumtu namam, kur viņš bija, un jumtu uzplēsuši, nolaida gultu, kurā paralizētais gulēja. Jēzus redzēdams viņu ticību, sacīja paralizētajam: „Dēls, tavi grēki tev ir piedoti.” Bet tur sēdēja daži rakstu mācītāji, un tie sprieda savā sirdī: „Kā viņš tā runā? Viņš zaimo! Kurš cits var grēkus piedot kā vienīgi Dievs?” Un tūlīt Jēzus savā garā nomanīja, ka viņi sevī tā domā, un viņiem sacīja: „Kādēļ jūs tā spriežat savās sirdīs? Kas ir vieglāk – sacīt paralizētajam: tev tavi grēki ir piedoti! – vai sacīt: celies, ņem savu gultu un staigā! –Bet lai jūs zinātu ka Cilvēka Dēlam ir vara virs zemes grēkus piedot,” – un viņš sacīja paralizētajam: „Es tev saku: celies, ņem savu gultu un ej mājās!” Un viņš tūlīt piecēlās un, gultu paņēmis, izgāja ārā visu priekšā; un visi izbrīnījās un slavēja Dievu, sacīdami: „Neko tādu mēs vēl nekad neesam redzējuši!”

Bībele saka, ka Jēzus laikos daudzi paralizētie vai sakropļotie saņēma pilnīgu dziedināšanu un slavēja Dievu. Dievs ne tikai atbildēs mums, bet arī pievedīs pie glābšanas, jo praviesa Jesajas Grāmatā 35:6, Viņš apsolījis: „Tizlais tad lēks kā briedis un gavilēs mēmajam mēle," un turpat 49:8, Viņš saka: „Laipnības laikā es tev atbildēju, glābšanas dienā es tev palīdzēju, es sargāju tevi un darīju par derības tautu, lai atjaunotu šo zemi, lai atdotu atņemto mantojumu."

Šodien tas daudzreiz apstiprinās Centrālajā „Manmin" draudzē. Pēc Dieva nodoma neredzētā spēka, daudzi pacienti pieceļas no saviem invalīdu ratiem, nomet kruķus un sāk staigāt.

Kāda gan ticība bija tam nespēcīgajam, par kuru stāstīts Marka Evaņģēlija 2. nodaļā, kas ļāva viņam stāties Jēzus priekšā un saņemt glābšanu un svētības, kā atbildi uz lūgšanu? Lūdzies, lai tie no jums, kas patreizējā momentā nevar staigāt dēļ kādas slimības, atkal uzceltos, ietu un skrietu.

Paralizētais dzird vēsti par Jēzu.

Marka Evaņģēlija otrajā nodaļā stāstīts par kādu paralizēto, kas saņēma dziedināšanu, kad Viņš atnāca uz Kapernaumu. Šajā pilsētā bija viens ļoti nabadzīgs, nevarīgs vīrs, kurš bez citu palīdzības nevarēja pat apsēsties, bet dzīvoja tikai tādēļ ka nevarēja nomirt. Un lūk, viņš sadzirdēja vēsti par Jēzu, kas atvēra acis aklajiem, nostādīja uz kājām kroplos, izdzina nešķīstos garus un dziedināja no dažādām slimībām. Tā kā šim cilvēkam bija laba sirds, dzirdot par Jēzu un atceroties par to, kādus darbus Viņš darīja, nevarīgais patiesi vēlējās satikties ar Jēzu.

Vienu dienu viņš uzzināja, ka Jēzus atnācis uz Kapernaumu. Kā gan viņš droši vien satraucās un priecājās, gaidot tikšanos ar Jēzu. Taču paralizētais nevarēja pārvietoties patstāvīgi, tādēļ arī pasauca draugus, lai tie aiznestu viņu pie Jēzus. Par laimi, draugi arī bija dzirdējuši par Jēzu, un viņi piekrita palīdzēt savam draugam.

Paralizētais un viņa draugi stājās Jēzus priekšā.

Slimais un viņa draugi nokļuva līdz mājai, kur sludināja Jēzus, bet tur bija sapulcējies liels pūlis, un tur neatradās vieta pat pie durvīm, bet pati māja bija tajā laikā ļaudīm pārpildīta. Apstākļi bija tādi, ka slimajam ar viņa draugiem nebija nekādu iespēju piekļūt pie Jēzus. Iespējams, viņi lūdzās pūli: „Palaidiet, lūdzu! Mums ir slimais kritiskā stāvoklī!" Tomēr dēļ drūzmēšanās mājā ieiet nevarēja. Ja paralizētajam un viņa draugiem nebūtu ticības, viņi varēja atgriezties mājās, tā arī Jēzu nesatikuši.

Tomēr viņi nepadevās, bet tieši otrādi parādīja savu ticību. Apdomājuši, kā tikt līdz Jēzum, viņi izmantoja pēdējo iespēju un sāka nojaukt ēkas jumtu, lai iekļūtu caur to. Pamēģināsim, pat ja arī nāktos pēc tam atvainoties saimnieku priekšā un samaksāt par zaudējumiem, nolēma draugi. Viņi izmisīgi vēlējās satikties ar Jēzu un saņemt dziedināšanu.

Ticību pavada darbi, bet ticības darbus var veikt, tikai ar lēnprātību sirdī. Vai jūs kādreiz esat sev teikuši: „Es, protams, ļoti vēlos, bet mans fiziskais stāvoklis neļauj man aiziet līdz baznīcai?" Ja tas nevarīgais kaut vai simts reižu būtu atzinis: „Kungs, ticu, bet Tu zini, ka es nevaru atnākt pie Tevis, tādēļ ka esmu paralizēts. Es tāpat ticu, ka Tu dziedināsi mani, kaut es guļu šeit, savā gultā," par viņu gan neteiktu, ka viņš parādījis savu ticību.

Lai arī ko tas nemaksātu, viņš nāca Jēzus priekšā, lai saņemtu dziedināšanu. Paralizētais ticēja un bija pārliecināts, ka būs dziedināts, kad satiksies ar Jēzu, tādēļ prasīja draugus palīdzēt viņam nokļūt pie Jēzus. Vēl vairāk, tā kā arī viņa draugiem bija ticība, viņi varēja pakalpot savam nevarīgajam draugam un pat nolēma uzlauzt jumtu svešā mājā.

Ja patiesi ticat, ka Dievs dziedinās, tad jūsu ticību apliecinās tas, ka jūs atnācāt pie Viņa. Tādēļ, izjaukuši jumtu, nevarīgā draugi nolaida viņu ar visu gultu uz kuras tas gulēja, tieši Jēzus priekšā. Tajos laikos Izraēlā jumti bija plakani, un uz jumtaviegli varēja uzkāpt pa trepēm mājas sānos. Un arī dakstiņus uz jumta viegli varēja noplēst. Viss tas arī ļāva nespēcīgajam tuvāk par visiem nokļūt pie Jēzus, būt Viņa priekšā.

Atrisinājuši grēka problēmu, mēs varam saņemt atbildes.

No Marka Evaņģēlija 2:5, mēs zinām, ka Jēzus bija apmierināts ar nespēcīgā ticības darbu. Bet kādēļ pirms dziedināt nevarīgo, Jēzus viņam teica: „Dēls! Tavi grēki tev ir piedoti!"

Tādēļ, ka grēku piedošanai jānāk pirms dziedināšanas.

2. Mozus 15:26, Dievs mums saka: „Ja klausīsiet Kunga, sava Dieva, balsij un darīsiet to, kas taisns viņa acīs, klausīsiet viņa pavēlēm un turēsiet viņa likumus, tad visas sērgas, ko es uzliku ēģiptiešiem, es jums neuzlikšu, jo es esmu Kungs, jūsu ārsts!" Šeit „sērgas, ko es uzliku ēģiptiešiem," nozīmē jebkuru cilvēkam zināmu slimību. Tādā veidā, kad mēs klausām Viņa likumus un dzīvojam pēc Viņa Vārda, Dievs aizsargā mūs tā, ka nekāda slimība mums nepiekļūst. Papildus, 5. Mozus grām, 28. nod. Dievs apsola mums, ka kamēr mēs paklausām un dzīvojam pēc Viņa Vārda, nekāda slimība neiekļūs mūsu ķermenī. Jāņa Evaņģēlija 5. nodaļā pēc cilvēka dziedināšanas, kurš līdz tam bija trīsdesmit astoņus gadus slimojis, Jēzus viņam saka: „Negrēko vairs, lai tev nenotiktu, kas ļaunāks," (14p.).

Tā kā grēks – visu slimību sakne, pirms dziedināt nevarīgo Jēzus deva viņam piedošanu. Tomēr, ne vienmēr atnākšana pie Jēzus beidzas ar piedošanas saņemšanu. Lai saņemtu dziedināšanu, vispirms jānožēlo grēki un jānovēršas no tiem. Ja tu biji grēcinieks, jākļūst par to, kas vairāk negrēko; ja meloji, kļūsti par tādu, kas nemelo; ja ienīsti citus – pārstāj nīst. Dievs dod piedošanu tikai tiem, kas paklausīgi Vārdam. Papildinot, nevis teikšana „es ticu" dod mums piedošanu: kad izejam pie Gaismas, mūsu Kunga asinis dabīgi attīra mūs no visiem mūsu grēkiem (1. Jāņa vēst. 1:7).

Paralizētais iet Dieva spēkā.

Marka Evaņģēlija otrajā nodaļā, saņēmis piedošanu, paralizētais piecēlās paņēma savu gultu un gāja visu klātesošo acu priekšā. Kad viņš nokļuva Jēzus priekšā, viņš gulēja gultā. Izdziedināts viņš tika momentā, kad Jēzus viņam teica: „Dēls, tavi grēki tev ir piedoti," (5p.). Bet tā vietā, lai priecātos par dziedināšanu, rakstu mācītāji sāka strīdēties. Kad Jēzus teica nevarīgajam: „Dēls, tavi grēki tev ir piedoti," viņi sāka domāt savās sirdīs: „Ko šis tā runā? Viņš zaimo Dievu. Kas cits var grēkus piedot kā vienīgi Dievs?" (7p.).

Tad Jēzus viņiem teica: „Kādēļ jūs tā domājat, savās sirdīs? Kas ir vieglāk – vai sacīt uz triekas ķerto: grēki tev piedoti, - vai sacīt: celies, ņem savu gultu un staigā. Bet lai jūs zinātu, ka Cilvēka Dēlam ir vara virs zemes grēkus piedot," (8-10p.), un tā mācot tos par Dieva nodomu Viņš teica triekas ķertajam: „Es tev saku celies, ņem savu gultu un ej mājās," (11p.). Pēc tam, tas momentā uzcēlās un gāja. Citiem vārdiem, paralizētā saņemtais dziedināšanas fakts norāda uz to, ka viņš ieguva piedošanu, un, ka Dievs garantēja Jēzus teikto vārdu. Tā bija tāpat liecība tam, ka Visvarenais Dievs apgalvo to, ka Jēzus ir Cilvēces Glābējs.

Piemēri tam, kad cēlās, lēkāja un gāja.

Jāņa Evaņģēlijā 14:11, Jēzus saka mums: „Ticiet Man, ka es Esmu Tēvā un Tēvs ir Manī; bet, ja ne, tad vismaz šo darbu dēļ ticiet!" Izmeklēšanā, kļūstot par liecinieku tam, ka paralizētais ticībā nāca Jēzus priekšā, saņēma grēku piedošanu un pēc Jēzus komandas piecēlās, sāka staigāt un lēkāt, vajadzētu ticēt, ka Dievs Tēvs un Jēzus vienoti.

Nākošajā Jāņa Evaņģēlija pantā 14:12, Jēzus tāpat saka: „Patiesi, patiesi Es jums saku: kas Man tic, tas arī tos darbus darīs, jo es noeju pie Tēva." Tā kā es par simts procentiem noticēju Dieva Vārdam, tad aicināts kalpošanā Dievam, gavēju un lūdzos daudzas – daudzas dienas, lai saņemtu Viņa spēku. Un, kā sekas, liecības par slimību dziedināšanu, ar kurām mūsdienu medicīnai nebija pa spēkam tikt galā, no pašas dibināšanas un līdz pat šai dienai papilnam ir klātesošas „Manmin" draudzē.

Katru reizi, kad visa Draudze gāja caur pārbaudījumiem, slimie saņēma dziedināšanu vēl ātrāk un tika dziedinātas arvien bīstamākas saslimšanas. Liels skaits ļaužu no visas pasaules piedzīvoja pie sevis brīnumaino Dieva spēku, pateicoties ikgadējām Speciālajām atmodas konferencēm, kas tika novadītas no 1993. gada līdz 2004. gadam, un katra turpinājās divas nedēļas.

Lūk, vien daži no neskaitāma daudzuma piemēriem par to, kā ļaudis cēlās, gāja un lēkāja.

Uz kājām pēc deviņiem gadiem invalīdu ratos.

Pirmā liecība no diakona Jungsupa Kima. 1990. gada maijā, izpildot elektromontāžas darbus Zinātnes pilsētiņā Taidokā, Dienvidkorejā, viņš nokrita no piecstāvu mājas augstuma. Tas notika līdz tam, kā Kims sāka ticēt Dievam.

Uzreiz pēc kritiena viņš bija nogādāts Sunas slimnīcā Jusungā, Čungnamas provincē, kur sešus mēnešus atradās komā. Pēc atgūšanās no komas, sāpes no lūzuma un 11 un 12 muguras skriemeļa novirzēm un starpdisku trūces starp 4 un 5 jostas skriemeļiem bija mokošas un neizturamas. Slimnīcas ārsti darīja zināmu Kimam, ka viņa stāvoklis bija ļoti smags, pēc būtības kritisks. Viņu vairākas reizes pārveda no vienas slimnīcas uz citu. Tomēr, tā kā ne uzlabojumu, ne izmaiņu nebija, Kims bija atzīts par 1 grupas invalīdu. Kimam vajadzēja pastāvīgi nēsāt jostas korseti mugurkaulam. Un vēl, tā kā apgulties viņš nevarēja, viņam nācās gulēt sēdus.

Šajā viņam tik grūtajā laika periodā pie viņa atnāca svētība, un viņš nokļuva „Manmin" draudzē, kur sāka dzīvot Kristū. Kad viņš piedalījās Speciālajā Dievišķās Dziedināšanas sapulcē, 1998. gada novembrī, viņš piedzīvoja neticamo. Līdz sapulcei viņš nevarēja apgulties uz muguras vai patstāvīgi lietot tualeti. Saņēmis manu aizlūgumu, viņš piecēlās no sava invalīdu krēsla un sāka staigāt ar kruķiem.

Lai saņemtu pilnu dziedināšanu diakons Kims uzticīgi apmeklēja visus dievkalpojumus un sapulces un nepārstāja lūgties. Papildus tam, ar patiesu vēlēšanos gatavojoties uz divu nedēļu 7. Speciālo atmodas konferenci, 1999. gada maijā, viņš gavēja 21 dienu. Kad pirmajā sapulces dienā es no katedras lūdzos par slimajiem, diakons Kims sajuta spēcīgu gaismas staru,

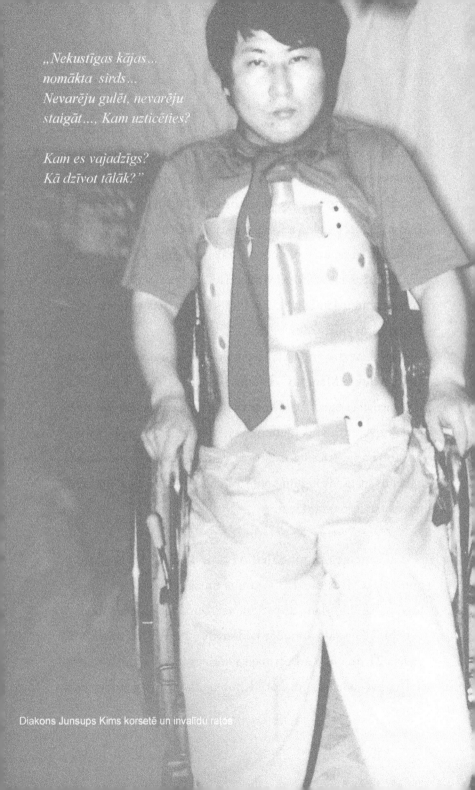

„Nekustīgas kājas...
nomākta sirds...
Nevarēju gulēt, nevarēju
staigāt..., Kam uzticēties?

Kam es vajadzīgs?
Kā dzīvot tālāk?"

Diakons Junsups Kims korsetē un invalīdu ratos

Aleluja! Dievs dzīvs!
Jūs redzat, es staigāju!

Diakons Kims priecājas kopā ar draudzes „Manmin" locekļiem pēc dr. Džeja Roka Lī lūgšanas.

kas bija vērsts uz viņu, un viņam bija redzējums, ka viņš skrien. Otrajā sapulces nedēļā, kad es viņam uzliku rokas un lūdzos par to, viņš sajuta, ka viņa ķermenis kļuva daudz vieglāks. Kad Svētā Gara uguns nonāca uz viņa kājām, viņš ieguva agrāk neredzētu spēku. Viņš nometa mugurkaulu saturošo korseti un kruķus, varēja viegli staigāt un brīvi kustināt jostas vietu.

Dieva spēkā diakons Kims sāka staigāt kā normāls cilvēks. Viņš pat braukā tagad uz riteņa un centīgi kalpo draudzē. Vēl vairāk, nesen diakons Kims apprecējās un tagad vada pa īstam laimīgu dzīvi.

Savām kājām no invalīdu krēsla pēc lūgšanas ar lakatu.

„Manmin" draudzē notiek iespaidīgi notikumi, aprakstītie Bībelē un vienreizēji brīnumi, caur kuriem Dievs vēl vairāk tiek pagodināts. Starp šiem no notikumiem un brīnumiem ir – Dieva spēka izpausmes caur lakatiem.

Apustuļu darbos 19:11-12, lasām, ka „Dievs darīja neparastus brīnumus ar Pāvila rokām, tā ka pat sviedru autus no viņa miesas uzlika neveseliem, un slimība tos atstāja, un ļaunie gari no tiem izgāja." Līdzīgi notiek šeit, kad ļaudis ņem lakatus, pār kuriem es lūdzos, vai jebkuru priekšmetu, kas pieskāries manam ķermenim, dod slimajam, uz viņiem nonāk acīmredzamas un skaidras brīnumaino dziedināšanu pazīmes. To redzot, daudzas valstis un tautas visā pasaulē mums prasīja novadīt pie viņiem Lielus Evaņģelizācijas pasākumus ar lakatiem. Papildus tam, liels ļaužu skaits Āfrikas valstīs, Pakistānā, Indonēzijā, Filipīnās, Hondurasā, Japānā, Ķīnā, Krievijā un daudzās citās savā pieredzē pārliecinājās par to, ka notiek „brīnumdarbi."

2001. gada aprīlī, viens no draudzes „Manmin" mācītājiem novadīja evaņģelizācijas pasākumu ar lakatiem Indonēzijā. Milzīgs skaits ļaužu saņēma dziedināšanu un deva godu Dzīvajam Dievam. Starp dziedinātajiem bija bijušais štata gubernators, kurš ilgu laiku bija saistīts pie invalīdu ratiņiem. Viņš bija dziedināts izmantojot lūgšanu ar lakatu, par ko daudz runāja ziņās.

2003. gada maijā cits „Manmin" draudzes mācītājs novadīja Evaņģelizācijas pasākumu ar lakatiem Ķīnā. Starp daudzajiem dziedināšanas piemēriem lūgšanu laikā ar lakatiem – vīrieša dziedināšana, kurš patstāvīgi sāka iet, nometis kruķus, kasbija viņa balsts trīsdesmit četrus gadus.

Ganešs aizmeta savus kruķus Brīnumaino Dziedināšanu festivālā Indijā 2002. gadā.

Brīnumaino Dziedināšanu festivāls 2002. gadā Indijā, kurš notika Čenajā, kuru apdzīvoja galvenokārt hinduisma piekritēji, sapulcēja vairāk kā trīs miljonus dalībnieku, kas kļuva aculiecinieki patiesi brīnumainiem Dievs spēka darbiem. Rezultātā, daudzi no viņiem pievērsās kristietībai. Brīnumaino dziedināšanu piemēri, kad kroplie tika atbrīvoti no kruķiem, bija pārsteidzoši. Līdz mūsu pasākumam bija zināms, ka balsta – kustības aparāta kaulu kustības atjaunošanas process un mirušo nervu atjaunošana notiek ļoti lēni. Sākot no indiešu Evaņģelizācijas pasākuma, brīnumainās dziedināšanas meta izaicinājumu cilvēka ķermeņa anatomijai.

Starp dziedināšanu saņēmušajiem bija sešpadsmitgadīgs zēns, vārdā Ganešs. Krītot no velosipēda viņš savainoja gūžas labo pusi. Smagais finansiālais stāvoklis ģimenē neļāva nodrošināt viņam vajadzīgo ārstēšanu. Pagāja gads un kaulā radās audzējs.

Ārsti bija spiesti izoperēt daļu gūžas. Viņam ielika metāla plāksni uz gūžas kaula un atjaunoja trūkstošo gūžas kaula daļu. Plāksnes bija nostiprinātas ar deviņām metāla skavām. Mokošās

,, Es pārstāju just metāla stiprinājumus, kas spieda manus muskuļus un kaulus!

Es nevarēju stāvēt aiz sāpēm, bet tagad es staigāju."

Ganešs sāka staigāt bez kruķu palīdzības pēc dr. Džeja Roka Lī lūgšanas

sāpes no šiem skavu savienojumiem darīja neiespējamu viņa pārvietošanos bez kruķiem.

Izdzirdējis par Evaņģelizācijas pasākumu Ganešs turp aizgāja un piedzīvoja pie sevis dziedināšanas brīnumu. Otrajā no četrām pasākuma dienām, „Lūgšanas par slimajiem" laikā, viņš sajuta karstumu visā ķermenī, it kā viņš būtu apliets ar verdošu ūdeni un sāpes pazuda. Viņš nekavējoši iznāca uz skatuves un liecināja par savu dziedināšanu. No tā laika viņš nejuta nekādas sāpes ķermenī un sāka brīvi staigāt un skriet.

Sieviete piecēlās no saviem invalīdu ratiem Dubaijā.

2003. gada aprīlī, manas atrašanās laikā Dubaijā, Apvienotajos Arābu Emirātos, sieviete ar Indijas izcelsmi, piecēlās no saviem invalīdu ratiņiem uzreiz pēc manas lūgšanas. Šī inteliģentā sieviete saņēma izglītību Savienotajos Štatos. Sakarā ar personīgiem iemesliem viņa cieta no emocionāliem traucējumiem, kuri padziļinājās sakarā ar sarežģījumiem pēc autoavārijas.

Kad es pirmo reizi ieraudzīju šo sievieti, viņa nevarēja staigāt,

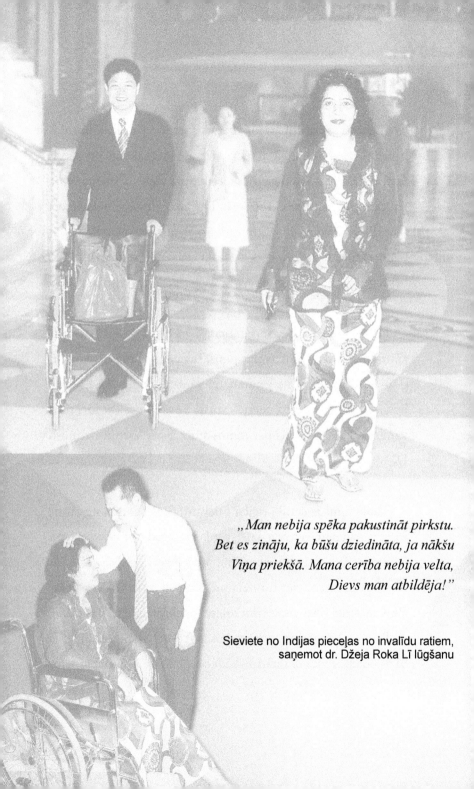

,,Man nebija spēka pakustināt pirkstu. Bet es zināju, ka būšu dziedināta, ja nākšu Viņa priekšā. Mana cerība nebija velta, Dievs man atbildēja!"

Sieviete no Indijas pieceļas no invalīdu ratiem, saņemot dr. Džeja Roka Lī lūgšanu

viņai nebija spēka runāt, un viņa pat nespēja pacelt nokritušās brilles. Viņa žēlojās, ka nespēks neļauj viņai rakstīt, vai pacelt ūdens glāzi. No jebkura pieskāriena pie viņas ķermeņa, viņa izjuta mokošas sāpes. Taču pēc lūgšanas sieviete nekavējoši piecēlās no saviem invalīdu ratiem. Šī sieviete pārsteidza pat mani, jo tikai dažas minūtes atpakaļ viņai nebija spēka pat runāt, bet tagad viņa patstāvīgi savāca savas lietas un izgāja no istabas.

Pravietis Jeremija savā Grāmatā 29:11, mums saka: „Jo Es zinu, kādas Man domas par jums, saka Tas Kungs, miera un glābšanas domas un ne ļaunuma un ciešanu domas, ka Es jums beigās došu to, ko jūs cerat." Mūsu Tēvs Dievs tik ļoti mūs iemīlējis, ka nav žēlojis par mums atdot Savu Vienpiedzimušo Dēlu.

Tādēļ jums ir cerība ticībā Dievam Tēvam, atkal no jauna iegūt veselīgu un laimīgu dzīvi, pat ja jūs tagad esat nelaimīgi no ierobežotajām fiziskām iespējām. Viņš nevēlas redzēt, kā kāds no Viņa bērniem cieš no nelaimēm un slimībām. Vēl vairāk, Viņš kaismīgi vēlas visiem dot mieru, prieku, laimīgu nākotni.

Pateicoties stāstam par triekas ķerto no Marka Evaņģēlija otrās nodaļas, mēs uzzinājām, kādā veidā un, kā jūs varat saņemt atbildes uz savām sirds vēlmēm. Lai katrs no mums sagatavotu ticības trauku un, lai saņem lūgto, lai ko arī neprasītu. To lūdzu mūsu Kungs Jēzus Kristus vārdā!

Tauta priecāsies, dziedās un dejos

no Marka 7:31-37

„Un atkal, izgājis no Tīras robežām, Viņš nāca caur Sidonu pie Galilejas jūras desmit pilsētu robežās. Un pie Viņa atveda kādu kurlmēmu un Viņu lūdza, lai Viņš tam uzliktu roku. Un Viņš to ņēma no ļaudīm savrup un lika Savus pirkstus viņa ausīs, spļāva un aizskāra viņa mēli, un skatījās uz debesīm, nopūtās un sacīja uz to: „Efata, tas ir atveries.” Un viņa ausis atvērās un tūdaļ atraisījās viņa mēles saite, un viņš pareizi runāja. Un Viņš tiem pavēlēja to nevienam nesacīt: bet jo vairāk to aizliedza, jo vairāk tie to izpauda. Un brīnījās ļoti par to un sacīja: „Viņš visas lietas ir labi darījis; Viņš dara, ka pat kurlie dzird un mēmie runā,”

Mateja Evaņģēlijā 4:23-24, lasām sekojošo:

„Un Jēzus staigāja pa visu Galileju, mācīdams viņu sinagogās un sludinādams Valstības evaņģēliju un dziedinādams visas slimības un sērgas tautā. Un Viņa slava izpaudās pa visu Sīriju; un pie Viņa atnesa visus neveselos, dažādu sērgu un sāpju pārņemtus un velna apsēstus, mēnessērdzīgus un triekas ķertus, un Viņš tos dziedināja.”

Jēzus ne tikai sludināja Dieva Vārdu, bet tāpat dziedināja neskaitāmus slimos, kas cieta no visdažādākajām slimībām. Dziedināšana no slimībām, kas nav cilvēka spēkos, pēc Jēzus Vārda iespiedās cilvēku sirdīs, un Viņš veda tos uz Debesīm, ko viņi ieguva ar ticību.

Jēzus dziedina kurlmēmo.

Marka Evaņģēlija 7. nodaļā ir stāsts par to, kā Jēzus iet no

Tiras uz Sidonu, pēc tam no turienes uz Galilejas jūru un uz desmitpilsētu rajonu, kur Viņš dziedināja kurlmēmo. Par viņu arī teikts ka viņš „greizi" runāja, tas nozīmē, ka viņš stostījās un nevarēja runāt izteiksmīgi vai sakarīgi. Cilvēks par kuru iet runa, visticamāk, bija iemācījies runāt bērnībā, bet vēlāk zaudēja dzirdi un sāka runāt nepareizi, tas ir tik tikko varēja runāt.

Vairākumā gadījumu, „kurlmēms" – tas ir, kas nav iemācījies valodu un runāt dēļ kurluma, bet „bradiakūzija" – termins, kas nozīmē problēmas ar dzirdi – attiecas uz vājdzirdīgajiem. Cilvēks kļūst kurlmēms dažādu iemeslu dēļ. Pirmais no tiem – iedzimtība. Otrais iemesls iedzimts kurlmēmums; kā sekas mātes pārslimotām masaliņām vai, kā sekas mātes lietotajiem medikamentiem grūtniecības laikā. Un trešais iemesls – kurlums un mēmums attīstās, kā sekas no bērna pārciestā meningīta 3-4 gadu vecumā, tas ir tieši tad, kad bērniem jāmācās runāt. Dzirdes aparāts var atvieglot problēmu bradiakūzijas (vājdzirdības) gadījumā, ja bojāta bungādiņa. Bet ja skarts pats dzirdes nervs, tad nekāda tehnika nepalīdzēs. Ir gadījumi, kad problēmas ar dzirdi rodas darba apstākļu rezultātā strādājot lielā troksnī, vai dzirdes pavājināšanās parādās ar vecumu; pēdējā gadījumā tiek uzskatīts, ka nav nekādas efektīvas ārstēšanas.

Izņemot tos, cilvēks var kļūt kurlmēms no dēmonu apsēstības. Šajā gadījumā, ja kāds, kuram ir garīga vara, izdzen nešķīstos garus, tad neveselais uzreiz sāk dzirdēt un runāt. Marka Evaņģēlijā 9:25-27, kad Jēzus pavēlēja nešķīstajam garam iziet no zēna, kurš nevarēja parunāt: „Tu mēmais un kurlais gars, es tev pavēlu: izej no viņa un nekad vairs neieej viņā!" (25p.), nešķīstais gars nekavējoši izgāja no pusaudža, un viņš kļuva dziedināts. Ticiet, ka, kad Dievs darbojas, nekāda slimība vai kaite nekļūs par problēmu vai draudu. Tādēļ mēs Jeremijas grāmatā 32:27, atrodam šādus vārdus: „Redzi, es esmu Kungs, visu dzīvo Dievs! Vai man kas ir neiespējams!?"Psalms 100:3, pārliecina mūs: „Ziniet, ka Kungs, viņš – Dievs! Viņš mūs radījis un ne mēs paši! Un mēs Viņa tauta un Viņa ganību avis!" Psalms 93:9, atgādina: „Kas ausi tev uzlicis – vai pats nedzird? Kas aci tev darinājis – vai pats neskatās?!" Kad mēs no sirds dziļumiem ticam Visvarenajam Dievam Tēvam, noformējas arī mūsu ausis un acis, kļūst iespējams viss. Tādēļ Jēzum, kas atnāca uz zemi miesā, viss bija iespējams. Kā lasām Marka 7. nodaļā, kad Jēzus dziedināja kurlmēmo, tā ausis atvērās un viņa runa kļuva skaidra.

Kad mēs ne tikai ticam Jēzum Kristum, bet arī esot ar nobriedušu ticību, prasām pēc Dieva spēka, tad tas pats, par ko vēsta Bībele notiek arī šodien. Vēstulē Ebrejiem 13:8, sacīts: „Jēzus Kristus ir tas pats vakar, šodien un mūžos!"Bet vēstulē Efeziešiem 4:13, atgādināts mums; ka mums visiem jānāk „līdz kamēr mēs visi sasniegsim vienotību ticībā un atziņā uz Dieva Dēlu. Līdz sasniegsim vīra briedumu, Kristus pilnības mēru."

Tādā veidā dažādu ķermeņu daļu deģenerācija, vai kurlums un mēmums nervu šūnu atmiršanas rezultātā nevar būt dziedināts no tādiem, kam ir dziedināšanas dāvana. Tikai, kad sasniedzis pilnu Kristus vecumu, pilnīgs cilvēks saņem spēku un varu no Dieva un lūgsies, saskaņā ar Dieva gribu notiks dziedināšana.

Kurluma dziedināšanas piemēri „Manmin" baznīcā.

Es savām acīm esmu redzējis daudz dziedināšanas piemēru no bradiakūzijas, liels cilvēku skaits vājdzirdīgo vai pilnīgi

„Tu atgriezi mūs dzīvē, mēs to
uzticam Tev.
Staigāsim pa zemi Tevi slavējot.

Dvēsele mana, tīra, kā kristāls
Tiecas Tev pretī."

Diakone Napšima Parka slavē Dievu par dziedināšanu no kurluma,
no kura viņa cieta 55. gadus

nedzirdīgo kopš dzimšanas, sāka dzirdēt pirmoreiz mūžā. Divi cilvēki pirmoreiz dzīvē ieguva dzirdi 55 un 57 gadu vecumā.

2000. gada septembrī es novadīju Brīnišķo Dziedināšanu Festivālu Nagojas pilsētā Japānā. Trīsdesmit cilvēku, kuri cieta no dzirdes problēmām, saņēma dziedināšanu tūlīt pēc manas lūgšanas. Šī ziņa sasniedza daudz vājdzirdīgos Korejā. Daudz neveselo sapulcējās uz 9-to divnedēļu atmodas konferenci, kas notika 2001. gada maijā. Viņi saņēma dziedināšanu un bagātīgi pagodināja Dievu.

Starp viņiem bija 33-gadīga sieviete, kas kļuva kurlmēma pēc nelaimes gadījuma, kas ar viņu notika astoņu gadu vecumā. Neilgi pirms šīs konferences 2001. gadā, viņu atveda pie mums uz baznīcu. Un viņa sagatavojās saņemt atbildi uz lūgšanu. Sieviete apmeklēja ikdienas „Daniela lūgšanas sapulces" un, atceroties par saviem pagātnes grēkiem no sirds tos nožēloja. Sagatavojusi sevi atmodas konferencei, ar patiesu vēlēšanos viņa tur aizgāja. Pēdējā atmodas tikšanās laikā konferencē, es uzliku rokas kurlmēmajiem, lai lūgtos par viņiem. Viņa nesajuta nekādas pēkšņas pārmaiņas, taču nebija sarūgtināta. Tieši pretēji, viņa skatījās uz dziedināšanu saņēmušajiem ar prieku un pateicību un vēl vairāk sāka ticēt, ka arī viņa tāpat var būt dziedināta.

Es redzēju Dieva spēka darbošanos pat pēc konferences pabeigšanas. Dievs redzēja šīs sievietes ticību, dziedināja viņu drīz pēc konferences beigām. Papildus, viņa izgāja izmeklēšanu, kura apstiprināja abu ausu pilnīgu dziedināšanu. Aleluja!

Iedzimts kurlums saņem dziedināšanu.

Dieva spēka izpausmju mērogi palielinās ar katru gadu. 2002. gadā „Brīnišķīgo Dziedināšanas" pasākumu laikā Hondurasā sāka dzirdēt un runāt daudzi kurlmēmie. Lielā Evaņģelizācijas pasākuma laikā saņēma dziedināšanu apsardzes priekšnieka meita, kura bija nedzirdīga visu dzīvi. Iegūstot dzirdi, viņa bija ļoti satraukta un bija ārkārtīgi pateicīga.

Astoņgadīgās Madlēnas Jaiminas Bartrezas viena auss neattīstījās pienācīgā veidā, un viņa pakāpeniski zaudēja dzirdi.

Uzzinājusi par pasākumu, Madlēna lūdza tēvu aizvest viņu turp. Pār viņu nonāca bagātīga žēlastība slavēšanas laikā, un pēc manas lūgšanas par visiem slimajiem, viņa sāka skaidri dzirdēt. Tā kā viņas tēvs uzticīgi strādāja organizējot pasākumu, Dievs tādā veidā svētīja viņa bērnu.

Brīnumaino Dziedināšanu Festivāla laikā 2002. gadā Indijā Dženifera noņēma savu dzirdes aparātu.

Lai arī mēs nebijām spējīgi piereģistrēt milzīgo skaitu liecības pasākuma laikā Indijā, pat daži nejauši izvēlēti piemēri liek pateikties un pagodināt Dievu. Starp tādiem piemēriem stāsts par no dzimšanas kurlmēmo meiteni Dženiferu. Ārsti ieteica meitenei, lai viņa pastāvīgi nēsātu dzirdes aparātu, kas nedaudz palīdzēs uzlabot dzirdi, bet brīdināja, ka pilna dzirdes atjaunošana nav iespējama.

Viņas atnāca uz pasākumu, bet māte katru dienu lūdzās par sava bērna dziedināšanu. Mātes un meitas vieta izrādījās blakus

CHURCH OF SOUTH INDIA

Phone : 857 11 01
859 23 05

MADRAS DIOCESE

C. S. I. KALYANI MULTI SPECIALITY HOSPITAL

15, Dr. Radhakrishnan Salai, Chennai-600 004. (South India)

Ref. No.

Date 15/10/02

To whom it may concern

Miss Jennifer aged 5 yrs has been examined by me at CSI Kalyani hospital for her hearing.

After entering into the child and observing her and after examining the child, I have come to the conclusion that Jennifer has definitely good hearing improvement now than before she was prayed for. Her mothers observation of her child is far more important and the mother has definitely noticed marked improvement in her childs hearing ability: Jennifer hears much better without the hearing aid, responding to her name being called where as previously she was not, without the aid

Medical Officer,
C. S. I. KALYANI GENERAL HOSPITAL
Mylapore Man

[vertical text, left margin] Audiogram Result :- Moderate to Severe Sensori-neural hearing loss i.e 50% - 70% hearing loss. Christ

vienam no skaļruņiem; lai kā arī tas nebūtu, bet spēcīgās kolonas tuvums nekādi Dženiferu neuztrauca. Taču pēdējās dienas pasākumā tautas bija tik daudz, ka viņu parastās vietas izrādījās aizņemtas, un vietas tuvāk skaļruņiem atrast neizdevās. Tam, kas notika vēlāk, grūti noticēt. Kā tikai es pabeidzu lūgšanu par slimajiem no katedras, Dženifera pasūdzējās, ka skaņa ļoti skaļa un palūdza māti noņemt viņai aparātu. Alelūja!

Saskaņā ar medicīniskiem ierakstiem, kas izdarīti pirms dziedināšanas, bez dzirdes aparāta Dženifera nespēja sadzirdēt pat pašu stiprāko troksni. Citiem vārdiem, Dženiferas dzirdes zaudējums bija simtprocentīgs. Pēc lūgšanas izrādījās, ka viņas dzirde atjaunojusies par 30 – 40%. Lūk otoloringologa Kristīnes, kas izmeklēja Dženiferu slēdziens:

„Lai noskaidrotu Dženiferas, 5 gadi, spēju dzirdēt es viņu izmeklēju daudzprofilu Kaļjanas slimnīcā. Parunājoties ar Dženiferu un apskatot viņu, es nācu pie slēdziena, ka notikusi noteikta un apbrīnojama viņas dzirdes uzlabošanās pēc lūgšanas. Jāņem vērā arī viņas mātes uzskati. Viņa saka to pašu, ko arī es; dzirde Dženiferai neapšaubāmi un ārkārtīgi uzlabojusies.

Patreizējā momentā Dženifera labi dzird bez dzirdes aparāta un labi reaģē, kad viņu pasauc vārdā. Līdz lūgšanai, bez dzirdes aparāta, tas nebija novērojams."

Dieva spēks bez šaubām, parādās tiem, kas ticībā sagatavojuši savu sirdi. Protams, ir daudzums piemēru tam, ka slimā stāvoklis uzlabojies ar katru dzīves dienu, uzticībā Kristum.

Bieži notiek, ka Dievs nedod uzreiz pilnu dziedināšanu tiem, kas no bērnības bijuši kurli. Ja viņi dziedināšanas momentā uzreiz iegūtu normālu dzirdi, tad viņiem būtu grūti tikt galā ar visām uzņemtajām skaņām. Bet ja dzirde zaudēta pieaugušā vecumā, Dievs var uzreiz un pilnībā dziedināt slimo, tādēļ ka viņam nevajadzēs daudz laika, lai pielāgotos skaņām. Šajos gadījumos dziedinātie var pirmās dienas just kādu diskomfortu, bet drīz nomierinās un pierod pie spējas dzirdēt.

Dubaijā atrodoties (Apvienotie Arābu Emirāti) 2003. gada aprīlī es satiku 32-gadīgu sievieti, kura zaudēja runas spējas cerebrālā meningīta rezultātā divu gadu vecumā. Pēc manas lūgšanas sieviete skaidri pateica: „Paldies!". Es domāju, ka tā ir parasta atzinības skaņa, bet viņas vecāki man teica, ka pagājuši trīsdesmit gadi no tiem laikiem, kā viņu meita pēdējoreiz varēja izteikt vārdu „paldies."

Lai piedzīvotu spēku, kurš dod mēmajam spēju runāt, bet kurlajam – dzirdēt.

Marka Evaņģēlija 7:33-35, rakstīts:

„Un viņš (Jēzus) to ņēma no ļaudīm savrup un lika savus pirkstus viņa ausīs, spļāva un aizskāra viņa mēli. Un skatījās uz debesīm, nopūtās un sacīja uz to: efata, tas ir: atveries. Un viņa ausis atvērās un tūdaļ atraisījās viņa mēles saite, un viņš pareizi runāja."

Šeit „efata" sengrieķu valodā nozīmē „atveries." Kad Jēzus ar Visaugstāko Radīšanas spēku pavēlēja, šā cilvēka ausis atvērās un mēle atbrīvojās.

Bet kādēļ Jēzus ielika Savus pirkstus kurlā ausīs, pirms

pavēlēja: „efata"? Vēstulē Romiešiem 10:17, teikts: „Tātad ticība nāk no sludināšanas, un sludināšana – no Kunga pavēles." Tā kā šis cilvēks nevarēja dzirdēt, viņam bija grūti iegūt ticību. Vēl arī viņš pats nevarēja atnākt pie Jēzus, lai saņemtu dziedināšanu. Kāds viņu atveda pie Jēzus. Ieliekot pirkstus cilvēka ausīs, Jēzus palīdzēja iegūt viņam ticību, dodot tam sajust Savus pirkstus.

Un mēs varam piedzīvot Viņa spēku, bet tikai tad, kad mums saprotama garīgā šajā notikumā ietvertā nozīme, ko šajā stāstā Dieva spēkā darīja Jēzus. Kādi soļi konkrēti jāpieņem?

Pirmkārt, lai saņemtu dziedināšanu mums ir jābūt ar ticību.

Tam, kuram vajag saņemt dziedināšanu, jābūt ticībai, pat, ja tā ir maza ticība. Tagad nav tā, kā bija Jēzus laikos. Cilvēce daudz sasniegusi, parādījušies dažādi informācijas pasniegšanas līdzekļi priekš dzirdēt nespējīgajiem, tajā skaitā zīmju valoda. Tā ļauj liecināt vājdzirdīgajiem, un viņi var iepazīties ar Labo vēsti. Dažus gadus atpakaļ visas svētrunas „Manmin" baznīcā sāka pavadīt sinhrons tulkojums žestu valodā. Viss, tajā skaitā arī agrākās svētrunas tiek apstrādātas un tāpat mūsu Internet – lappusē izdotas zīmju tulkojumā.

Bez tam, ja ir vēlme iegūt ticību, tad to var ar citām daudzām iespējām – caur grāmatām, laikrakstiem, žurnāliem, video – un audiokasetēm. Kā tikai ticība iegūta, jūs varat piedzīvot pie sevis Dieva spēku. Es pieminēju tikai dažas iespējas vai līdzekļus, kas spēj mums palīdzēt iegūt ticību.

Nākošais solis – mums jāsaņem piedošana.

Kādēļ Jēzus spļāva un pieskārās kurlmēmā mēlei pēc tam, kad ielika Savus pirkstus viņa ausīs? Garīgajā nozīmē, tas nozīmē kristīšanu ūdenī un bija nepieciešams, lai piedotu cilvēka grēkus. Lai sajustu pie sevis Dievišķo spēku, cilvēkam vispirms jāatrisina grēka problēmu. Tā vietā, lai nomazgātu cilvēka netīrību ar ūdeni, Jēzus to nomainīja ar Savām siekalām, kas, tādā veidā simbolizē šā cilvēka grēku piedošanu. Jesaja 59:1-2, mums saka: „Redzi, Kunga roka nav par īsu, ka nevarētu glābt, viņa auss nav par kurlu, ka nesadzirdētu! Taču jūsu vainas jūs nošķir no Dieva, jūsu grēki apslēpj viņa vaigu, ka viņš jūs nesadzird."

Kā Dievs apsola mums 2. Laiku grāmatā 7:14, kad „mana tauta, kas saukta manā vārdā, zemosies un lūgs – meklēs mani un atgriezīsies no sava ļaunā ceļa -, tad Es no debesīm uzklausīšu tos, piedošu viņu grēkus un dziedēšu viņu zemi!" Lai saņemtu atbildi no Dieva, jums taisnīgi jāpaskatās pašam uz sevi, jāpārbauda sava sirds, ar satriektu sirdi jānožēlo grēki.

Kas jānožēlo Dieva priekšā?

Pirmkārt, jums jānožēlo tas, ka neticējāt Dievam un nepieņēmāt Jēzu Kristu. Jāņa Evaņģēlijā 16:9, Jēzus saka mums, ka Svētais Gars pārliecinās pasauli par grēku, tādēļ ka ļaudis Viņam netic. Jums jāsaprot, ka neticība ir grēks, un, tādā veidā jāsāk ticēt Kungam un Dievam Tēvam.

Otrais – ja jūs nemīlat savus brāļus, jums jānožēlo grēks. 1. Jāņa vēst. 4:11, mums teikts: „Mīļie, ja Dievs mūs tā ir mīlējis, tad arī mums pienākas citam citu mīlēt." Ja tavs brālis ienīst tevi, tā vietā, lai atbildot neieredzētu viņu, jums jābūt pacietīgiem un jāpiedod. Jums tāpat jāmīl savu ienaidnieku un jāmeklē vispirms viņa labums, domājot un rīkojoties, noliekot sevi viņa vietā. Ja mīlēsiet visus ļaudis arī Dievs parādīs jums līdzjūtību, žēlastību un dos dziedināšanu.

Treškārt, ja jūs lūdzaties savtīgu mērķu vadīti – jānožēlo grēks. Dievs nav sajūsmā par tiem, kas lūdzas egoisma mudināti. Viņš mums neatbildēs. No šī brīža jums jālūdzas tikai saskaņā ar Dieva prātu.

Ceturtais – ja jūs lūdzaties šauboties, nožēlojiet. Jēkabs savā vēstulē 1:6-7, saka: „Lai viņš lūdz ticībā, bez šaubīšanās, jo tas, kas šaubās, līdzinās vilnim jūrā, ko vējš svaida un dzenā. Šāds cilvēks ar sašķeltu dvēseli, kas nepastāvīgs visos savos ceļos, lai nedomā kaut ko saņemt no Kunga." Attiecīgi, kad lūdzaties, mums jālūdzas ar ticību, jāpatīk Viņam. Jo „bez ticības nav iespējams Dievam patikt," kā to mums atgādina Vēstule Ebrejiem 11:6. Atmetiet šaubas un lūdzaties tikai ticībā.

Piektais – ja jūs neesat paklausījuši Dieva baušļiem, jums jānožēlo grēki. Jāņa Evaņģēlija 14:21, Jēzus mums saka: „Kam ir mani baušļi, un kas tos tur, tas mani mīl. Bet, kas mani mīl, to mīlēs mans Tēvs, un Es to mīlēšu un tam atklāšos." Kad paklausot Viņa baušļiem jūs pierādāt savu mīlestību pret Dievu, tad varat saņemt no Viņa atbildi. Laiku pa laikam ticīgie nokļūst ceļu satiksmes negadījumos, tādēļ ka vairumā gadījumu nav ievērojuši svēto Kunga dienu vai nepilnīgi atdevuši desmito. Tā kā viņi nav dzīvojuši pēc kristiešu pamatlikumiem – nav pildījuši Desmit Baušļus, - viņi arī nevarēja saņemt Dieva aizsardzību. Daži no tiem, kas uzticīgi paklausa Viņa baušļiem, arī nokļūst avārijās dēļ savām personīgajām kļūdām. Bet Dievs tos sargā. Tādos gadījumos mašīnā atrodošies paliek neskarti, pat ja mašīna pilnībā sasista. Dievs mīl viņus un parāda tiem Savas mīlestības pierādījumu.

Papildus tam, ļaudis, kas nepazīst Dievu, bieži saņem ātru dziedināšanu pēc lūgšanas. Tādēļ, ka pats uz baznīcu atnākšanas fakts jau ir solis ticībā, un Dievs strādā viņos. Bet lūk, kad cilvēkam ir ticība un viņš zina patiesību, bet turpina pārkāpt Dieva baušļus un nedzīvo pēc Viņa Vārda, tas kļūst par mūri starp viņu un Dievu. Tādi dziedināšanu nesaņem. Dieva acīs pats fakts, ka elku kalpi dzird vēsti un apmeklē Evaņģelizācijas pasākumu, viņiem tiek pieskaitīts, kā ticības solis. Tas arī ir iemesls, kādēļ Dievs veic daudzus lielus darbus pie neticīgajiem ārzemju Evaņģelizācijas pasākumos.

Sestais, neesi sējis – jānožēlo grēks. Vēstulē Galatiešiem 6:7, mums teikts: „Ko cilvēks sēj, to viņš arī pļauj." Priekš tā, lai pie sevis piedzīvotu Dieva spēku, jums vispirms čakli jāapmeklē dievkalpojumi. Atcerieties, kad sējat ar personīgo ķermeni – saņemsiet veselības svētību, kad sējat no saviem ienākumiem – saņemsiet labklājības svētību. Tādā veidā, ja gribat pļaut, nesējot, – tas jānožēlo.

1. Jāņa vēstulē 1:7, lasām: „Bet, ja mēs staigājam gaismā, kā viņš ir gaisma, tad mums ir sadraudzība citam ar citu un viņa Dēla Jēzus asinis mūs šķīstī no visas apgrēcības." Tiem, kas cieši turas pie Dieva apsolījumiem 1. Jāņa vēstulē 1:9, viņš apsola: „Ja atzīstamies savos grēkos, tad viņš ir uzticams un taisns un mums piedod grēkus, un šķīstī mūs no visas netaisnības."

Neaizmirstiet vērsties pie sevis paša. Uzmanīgi paskatieties uz sevi, nožēlojat grēkus un staigājiet gaismā.

Saņemiet Dieva žēlastību un visu, ko lūdzat. Un iegūstiet Viņa spēku ne tikai veselības svētību, bet tāpat svētību jūsu roku darbam un visās sadzīves lietās, es to lūdzos mūsu Kunga Jēzus Kristus Vārdā!

Nemainīgais Dieva nodoms

5. Mozus 26:16-19

„Šodien Kungs, tavs Dievs, pavēl tev pildīt šos likumus un tiesas, un raugi, lai tu tos pildītu no visas sirds un visas dvēseles! Kungam tu šodien esi teicis, ka viņš būs tev par Dievu, ka tu staigāsi viņa ceļus un pildīsi viņa likumus, baušļus un tiesas, un viņu klausīsi. Un Kungs tev šodien ir teicis, ka tu būsi viņam par īpašuma tautu, kā viņš tev solījis, un ka tev ir jātur viņa baušļi. Tad viņš darīs tevi augstāku par tautām, ko viņš radījis, - darīs par godu, slavu un rotu, lai tu būtu svēta tauta Kungam, savam Dievam, kā viņš sacījis!"

Ja uzprasītu, kāda mīlestība pati stiprākā, daudzi nosauks vecāku mīlestību pret bērniem, īpaši mātes mīlestību pret viņas bērnu. Taču pravieša Jesajas grāmatā 49:15, teikts: „Vai sieva savu zīdaini aizmirst, vai nemīl to, kas no klēpja nācis? – Pat ja tā tevi aizmirstu, es tevi neaizmirsīšu!"Pāri plūstošā pārbagātā Dieva mīlestība nav salīdzināma pat ar mātes mīlestību pret zīdaini.

Mīlestības Dievs vēlas, lai visi ļaudis ne tikai sasniegtu glābšanu, bet arī iegūtu mūžīgo dzīvi, baudītu svētības un prieku Debesīs, kas krāšņuma piepildītas. Tādēļ Viņš atbrīvo Savus bērnus no bēdām un kaitēm un dod viņiem visu prasīto. Dievs tāpat vada katru no mums, kā pie svētītas dzīves uz šīs zemes, tā arī pie nākošās mūžīgās dzīves svētlaimes. Savā spēkā un pravietojumos Dievs atklājis mums Savā mīlestībā, kāds ir Dieva nodoms priekš centrālās „Manmin" baznīcas?

Dieva mīlestība vēlas izglābt visas dvēseles.

2. Pētera vēstulē, 3:3-4, atrodam sekojošo:

„Vispirms saprotiet to, ka pēdējās dienās nāks tādi, kas dzīvo savās iekārēs un ņirdzīgi ņirgādamies, teiks: kur paliek apsolījums par viņa atnākšanu? Kopš sentēvi ir aizmiguši mierā , viss paliek tāpat kā no radības iesākuma."

Ja mēs sakām ļaudīm par pasaules galu, ļoti daudzi mums netic. Tā kā saule vienmēr lēkusi un rietējusi, ļaudis dzimuši un miruši, cilvēki vienmēr virzījušies uz priekšu, tad neticīgie, dabīgi, uzskata, ka viss tāpat arī turpināsies.

Kā cilvēka dzīvei ir sākums un beigas, tāpat arī cilvēku civilizācija, kas kādreiz sākās, noteikti pienāks pie noteikta gala. Kad pienāks Dieva izvēlētais laiks, viss Visumā beigsies. Visi ļaudis, kas kādreiz dzīvojuši, sākot ar Ādamu, stāsies Tiesas priekšā. Katrs aizies vai nu uz Debesīm, vai uz elli, saskaņā ar to, kādu dzīvi dzīvojuši uz zemes.

No vienas puses, ticīgie Jēzum Kristum, kas dzīvojuši pēc Dieva Vārda ieies Debesīs. No otras puses, tie, kas nav ticējuši, kaut arī līdz tiem nonākusi Labā Vēsts, kas, kaut arī teica, ka tic Kungam, bet dzīvoja ne pēc Dieva Vārda, bet grēkā, negodīgumā un ļaunumā, aizies uz elli. Tādēļ Dievs ļoti vēlas izplatīt Labo Vēsti pa visu pasauli cik iespējams ātrāk, lai kaut vēl kāda dvēsele varētu saņemt glābšanu.

Dieva spēks izplatās laiku beigās.

Tas ir iemesls, kādēļ Dievs dibināja Centrālo „Manmin" baznīcu un parāda šeit neredzētu spēku. Caur sava spēka izpausmēm Dievs vēlas dot liecības par patiesa Dieva eksistenci un darīt zināmu ļaudīm par Debesu un elles realitāti. Jāņa Evaņģēlijā 4:48, Jēzus vēršoties pie ļaudīm, saka: „Jūs neticēsiet, ja neredzēsiet zīmes un brīnumus." Spēka darbi, kas spējīgi satricināt cilvēku prātus, arvien vairāk nepieciešami, īpaši laikos, kad plaukst un zeļ grēks un ļaunums, bet zināšanas ārkārtīgi paplašinās. Tādēļ laiku beigās Dievs audzina „Manmin" draudzi un to svētī ar arvien pieaugošo spēku.

Un vēl, pēc Dieva nodoma radītā cilvēces attīstība tāpat tuvojas savām beigām. Līdz Dieva noteiktajam laikam spēks ir nepieciešams līdzeklis, lai izglābtu visus, kam ir iespēja saņemt glābšanu. Ātrāk un vairāk ļaužu pievest glābšanai var tikai esot ar spēku.

Pastāvīgu vajāšanu un posta dēļ dažās pasaules valstīs Evaņģēlija izplatīšana ir ļoti apgrūtināta. Ļaudis, kas pat nav dzirdējuši Labo Vēsti tāpat tur vairumā. Bez tam, pat starp tiem, kas paziņo par ticību Kungam, nav tik daudz to, kam ir patiesa ticība, kā tas tiek uzskatīts. Lūkas Evaņģēlijā 18:8, Jēzus mums vaicā: „Vai Cilvēka Dēls atnākot, atradīs uz zemes ticību?" Daudzi apmeklē baznīcu, bet maz atšķiras no pārējiem ļaudīm un turpina dzīvot grēkā.

Taču pat valstīs un pasaules reģionos, kur kristietība nežēlīgi tiek vajāta, kā tikai cilvēki savā pieredzē piedzīvo Dieva spēku, uzplaukst ticība, kura nebaidās pat no nāves, un rezultātā izplatās Labā Vēsts. Ļaudis, kas dzīvo grēkā, bez patiesas ticības, gūst spēku dzīvot pēc Dieva Vārda, kad savām acīm vēro Dzīvā Dieva spēka darbus.

Daudzajos misijas ceļojumos aiz robežām es esmu bijis valstīs, kur oficiāli aizliegts Evaņģelizēt un sludināt Evaņģēliju, bet draudzi vajā pēc likuma. Es esmu liecinājis tādās valstīs, kā Pakistānā un Apvienotie Arābu Emirāti, kur zeļ islāms, Indijā, kur ir hinduisms. Kad mēs liecinām par Jēzu Kristu, un ļaudis redz Dzīvā Dieva darbu pierādījumus, neskaitāmas dvēseles nāk pie ticības un sāk ticēt. Piedzīvojuši pie sevis Dieva spēka darbu, ļaudis bez bailēm par iespējamām oficiālām vajāšanām par likumpārkāpumu, pieņem Jēzu Kristu, pat ja iepriekš pielūguši elkus. Tas liecina par absolūto Dieva spēka lielumu.

Kā zemnieks pļauj ražu, kad druva nobriedusi, tā Dievs parāda neredzētu spēku, lai ievāktu visas dvēseles, kas paredzētas glābšanai pēdējās dienās.

Laiku beigu pazīmes aprakstītas Bībelē.

Var atpazīt, ka mēs dzīvojam laikā, kas tuvs pasaules galam, pat pēc Dieva Vārda, kas rakstīts Bībelē. Dievs devis mums atslēgu, lai atminētu, kad tad pienāks laiku beigas, kaut arī nav nosaucis noteiktu laiku beigu datumu. Kā var nojaust to, ka būs lietus, ja pie debess savelkas mākoņi, tā arī vērojot to, kā attīstās vēstures notikumi, var ieraudzīt pēdējo dienu pazīmes, kuras aprakstītas Bībelē un ļauj noteikt šo pēdējo dienu pienākšanu.

Piemēram, Lūkas 21. nodaļā atrodam: „Bet kad jūs dzirdēsiet par kariem un dumpjiem, nebīstieties! Jo tam tā papriekš jānotiek, bet tas vēl nebūs gals," (9p.), un „būs lielas zemestrīces un vietu vietām bads un mēris, un no debesīm nāks briesmīgas un lielas zīmes," (11p.).

2. vēstulē Timotejam 3:1-5, lasām sekojošo:

„Bet zini, ka pēdējās dienās iestāsies grūti laiki, jo cilvēki būs patmīlīgi, naudas kāri, lielīgi, augstprātīgi, zaimotāji, nepaklausīgi saviem vecākiem, nepateicīgi, nešķīsti, cietsirdīgi, nesamierināmi, apmelotāji, nesavaldīgi, mežonīgi, ļauni, nodevīgi, pārgalvīgi, lepnuma apstulbināti, baudas vairāk mīlēdami nekā Dievu, tērpušies dievbijības izskatā, bet tās spēku noliegdami. Arī no tādiem novērsies."

Visā pasaulē ir daudz nelaimju un zīmju, bet ļaužu sirdis un nodomi šodien kļūst aizvien ļaunāki. Katru nedēļu es saņemu sakopotus izgriezumus ar jauniem paziņojumiem par notikumiem un nelaimes gadījumiem, un to apjoms ar katru reizi pieaug. Tas nozīmē, ka pasaulē notiek ļoti daudz nelaimju, katastrofu un ļaundarību.

Taču ļaudis neaizskar šie notikumi un nelaimes gadījumi tā, kā tas bija agrāk. Tā kā šo stāstu ir tik daudz, un paziņojumi par nelaimes gadījumiem un postījumiem notiek regulāri, tad ļaudīs izstrādājusies imunitāte, nejūtība pret tiem. Cietsirdīgie noziegumi, baismīgie kari, dabas postījumi, cilvēku ļaundarību upurus un katastrofas vairums ļaužu nopietni nespēj uztvert. Masu informācijas līdzekļu virsraksti izraibināti no paziņojumiem par šiem notikumiem. Taču ja tas viss nav pašam pie sevis izjusts, ja tas nav skāris kādu tuvinieku vai paziņu, tad vairumam šie notikumi nekļūst svarīgi un ātri aizmirstas.

Spriežot pēc tā, kā raisās vēsturiskie notikumi tie, kas modri un, kam ir nešaubīgas attiecības ar Dievu, vienā balsī liecina, ka Kunga Otrā Atnākšana ir neizbēgama un tuva.

Pravietojums par laiku beigām un par Dieva nodomu Centrālajā „Manmin" baznīcā.

Pēc Dieva pravietojumiem, kas parādīti „Manmin" draudzē mēs varam spriest par to, ka tagad pienākuši pēdējie laiki. No draudzes „Manmin" dibināšanas laika līdz šai dienai Dievs iepriekš atklāja prezidentu un parlamenta vēlēšanu rezultātus, ievērojamu un zināmu ļaužu nāvi, kā Korejā, tā arī aiz robežām un daudzus citus notikumus, kuri iespaidoja visu vēsturi.

Daudzos gadījumos es īsumā paziņoju tādu informāciju iknedēļas draudzes biļetenā. Ja atklāsmes saturs bija pārāk jūtīgs, es to darīju zināmu tikai dažiem cilvēkiem. Pēdējos gados, laiku pa laikam es no katedras paziņoju atklāsmes par Ziemeļkoreju, Savienotajiem Štatiem un notikumiem, kam nākotnē jānotiek pasaules mērogā.

Lielākā daļa pravietojumu ir piepildījušies, kā arī bija pareģots; pravietojumi, kuriem vēl jāpiepildās, attiecas vai uz notiekošo pašlaik, vai notikumiem, kas tuvojas. Ievērojams ir tas fakts, ka vairums pravietojumu par nākošiem notikumiem attiecas uz pēdējām dienām. Tā kā šie pravietojumi atklāj Dieva nodomu par Centrālo „Manmin" draudzi, izskatīsim dažus no tiem.

Pirmais pravietojums attiecas uz Ziemeļu un Dienvidkorejas attiecībām.

No „Manmin" draudzes dibināšanas laika Dievs deva draudzei daudz atklāsmju par Ziemeļkoreju. Tādēļ, ka mums bija mudinājums, lai evaņģelizētu pēdējās dienās Ziemeļkorejā. 1983. gadā Dievs darīja mums zināmu, ka notiks Ziemeļu un Dienvidkorejas vadītāju samits un kādas būs tā sekas. Drīzumā pēc samita beigām Ziemeļkorejai stāv priekšā uz īsu laiku pavērt savas durvis pasaulei, kuras atkal būs aizvērtas. Dievs teica mums, ka kad Ziemeļkoreja atvērsies, Svētie Raksti un Dieva spēks ieies valstī, tā rezultātā evaņģelizācija notiks. Dievs lika mums saprast, ka Otrā Kunga Atnākšana būs tuva, kad Ziemeļu un Dienvidkoreja rīkosies tādā veidā. Tā kā Dievs teica man neatklāt, kas domāts ar vārdiem „rīkosies noteiktā veidā", es pagaidām vēl nevaru darīt zināmu šo informāciju.

Vairumam no mums zināms, ka samits starp Ziemeļu un Dienvidkoreju notika 2000 gadā. Visticamāk, mēs varējām sajust, ka piekāpjoties starptautiskajam spiedienam, Ziemeļkoreja drīz atvērs savas durvis.

Otrais pravietojums skar Vispasaules evaņģelizāciju.

Dievs sagatavojis priekš „Manmin" draudzes lielus Evaņģelizācijas pasākumus aiz robežām. Šie notikumi sapulcēja desmitiem tūkstošus, simtiem tūkstošus, miljonus ļaužu un mēs tikām svētīti. Neredzēts Viņa spēks ātrāk nesa Labo vēsti visai pasaulei. Starp minētajiem – Svētā Evaņģēlija pasludināšanas pasākums Ugandā, ziņas par kura norisi tika pārraidītas pa visu pasauli ar ziņu kanālu CNN; Lielais Evaņģelizācijas Dziedināšanu pasākums Pakistānā, kas satricināja islāma pasauli un atvēra durvis misionāru darbam Tuvajos Austrumos; Lielais Evaņģelizācijas pasākums Kenijā, kur notika daudzu jo daudzu slimību dziedināšanas, ieskaitot AIDS; Apvienotais Dziedināšanu pasākums Filipīnās, kur Dieva spēks atklājās līdzīgi sprādzienam; Brīnišķo Dziedināšanu pasākums

Hondurasā, kas izraisīja Svētā Gara viesuļvētru; Brīnišķo Dziedināšanu Festivāls Indijā, lielākajā hinduisma valstī pasaulē, kur četrās dienās pulcējās vairāk kā trīs miljoni cilvēku. Visi šie evaņģelizācijas pasākumi kalpoja kā slieksnis, no kura „Manmin" varēja ieiet Izraēlā, pie sava beidzamā uzdevuma.

Pēc Sava lielā nodoma cilvēces audzēšanā Dievs radīja Ādamu un Ievu, un pēc tam, kad dzīve sākās uz zemes ļaudis savairojās. Starp daudzām tautām Dievs izvēlējās vienu tautu, Izraēliešus, Jēkaba pēcnācējus. Ar izraēliešu vēstures piemēru Dievs gribēja atklāt Savu godību un plānu par cilvēces audzēšanu ne tikai Izraēlam, bet arī visām pasaules tautām. Tādā veidā, Izraēla tauta kalpo kā modelis cilvēces audzēšanā, bet Izraēla vēsture, kuru vada Pats Dievs,- ir ne tikai vienas tautas vēsture, bet Viņa vēstījums visiem ļaudīm. Papildus tam, pirms būs pabeigta cilvēces audzēšana, kas sākās ar Ādamu, Dievs vēlas, lai Evaņģēlijs atgrieztos Izraēlā, no kurienes arī nācis. Tomēr novadītkristiešu dievkalpojumus un izplatīt Evaņģēliju Izraēlā ārkārtīgi grūti. Izraēlā vajadzīgas Dieva spēka izpausmes, kas var satricināt gan debesis, gan zemi. Šī Dieva nodoma daļas realizēšana paredzēta „Manmin" draudzei pēdējās dienās.

Caur Jēzu Kristu Dievs piepildīja pasaules glābšanas plānu un ļāva katram, kas pieņēmis Jēzu kā personīgo Glābēju, saņemt mūžīgo dzīvību. Tomēr Dieva izredzētā tauta Izraēls nav atzinis Jēzu kā Mesiju. Vēl vairāk, Izraēla tauta nesapratīs glābšanas providenci caur Jēzu Kristu līdz tam pašam momentam, kad Viņa bērni būs aizrauti padebešos.

Dievs vēlas, lai Izraēla tauta nožēlotu grēkus un pieņemtu Jēzu kā savu Glābēju, lai arī viņi sasniegtu glābšanu pēdējās dienās. Tādēļ Dievs pieļāva Evaņģēlijam ieiet un izplatīties pa visu Izraēlu, pateicoties pagodinošajam aicinājumam, kuru Viņš arī piešķīris „Manmin" draudzei. Tagad, kad izšķirošais solis uz misijas darbu jau veikts, kas noticis atbilstoši Dieva gribai 2003. gada aprīlī, „Manmin" ved konkrētu sagatavošanās darbu Izraēlā un pilda Dieva nodomu.

Trešais pravietojums attiecas uz Lielās Svētnīcas būvniecību.

Drīzumā pēc „Manmin" draudzes dibināšanas atklājis Savu

gribu par pēdējām dienām, Dievs aicināja mūs uz Lielās Svētnīcas būvniecību, kura parādīs Dieva godību visas pasaules ļaudīm.

Vecās Derības laikos bija iespējams izglābties ar darbiem. Varēja saņemt glābšanu, ja grēks ārēji neparādījās, ārēji netika paveikts, kaut no sirds grēks arī nebija izmests. Vecās Derības Templis bija templis, kur ļaudis paklausīja Dievam tikai darbos, kā bija rakstīts Bauslībā.

Taču Jaunās Derības laikos Jēzus atnāca un piepildīja Bauslību ar mīlestību, bet mēs saņēmām glābšanu pēc ticības Jēzum Kristum. Templis, kas tīkams Dievam, Jaunās Derības laikos būs uzcelts ne tikai ar darbiem, bet arī ar sirdi. Šim templim jābūt uzbūvētam no patiesiem Dieva bērniem, kas atmetuši grēku, šķīstījuši savu sirdi mīlestībā uz Viņu. Tādēļ Dievs pieļāva, lai Templis no Vecās Derības būtu sagrauts un izvēlējās jauna tempļa celtniecību ar patiesu garīgu nozīmi.

Šī iemesla dēļ tiem, kam uzticēts uzbūvēt Lielo Svētnīcu, jābūt atzītiem par derīgiem Dieva priekšā. Tiem ir jābūt Dieva bērniem ar apgraizītu sirdi, svētu un tīru sirdi, piepildītu ar ticību, cerību, mīlestību. Kad Dievs ieraudzīs Lielo Svētnīcu, Viņa svētdarīto bērnu uzceltu, Viņš būs gandarīts, apmierināts ne tikai ar ēkas ārējo izskatu. Skatoties uz šo Vareno Svētnīcu, Viņš atcerēsies visu būvniecības procesu un atcerēsies katru Savu patieso bērnu – Viņa asaru, upura un pacietības augli.

Lielajai Svētnīcai ir dziļa nozīme. Tā kalpos, kā piemineklis cilvēces audzēšanai un, kā mierinājuma simbols priekš Dieva labās ražas pļaujas laikā. Tas tiek būvēts pēdējās dienās, tādēļ šīs kolosālās ēkas projekts, parādīs Dieva godu visām pasaules tautām. Varenā Svētnīca – tā ir grandioza ēka 600 metru (1.970 pēdas) diametrā, un 70 metru (230 pēdas) augstumā, darināta no dažādiem retiem, dārgiem un brīnišķīgiem materiāliem. Katrs konstrukcijas elements un dekori liecinās par Jaunās Jeruzalemes godību, par sešām radīšanas dienām un Dieva spēku. No paša pirmā skata uz Vareno Svētnīcu, tās izskats piespiedīs ikvienu sajust Dieva varenumu un godību. Pat neticīgais būs pārsteigts par redzēto un atzīs Viņa slavu.

Un beidzot Varenās Svētnīcas ēka tā ir šķirsta sagatavošana,

Varenā Svētnīca...

kurā neskaitāmām dvēselēm lemts saņemt glābšanu. Pēdējās dienās, kad zels grēks un ļaunums, kā tas bija arī Noasa laikos, tā būs vieta, kur atvedīs glābšanai Dieva bērnus. Dievs atzīs par pareizu cilvēkam atnākt uz Vareno Svētnīcu un iegūt šeit ticību, lai saņemtu glābšanu. Arvien vairāk un vairāk ļaužu sadzirdēs vēsti par Dieva godu un spēku un nāks šurp, lai paši visu ieraudzītu. Bet kad atnāks, ieraudzīs neskaitāmas Dieva liecības. Un viņiem šeit iemācīs garīgo sfēru noslēpumus un apgaismos par Dieva gribu, kurš grib salasīt patieso bērnu kūļus, kas kļuvuši līdzīgi viņa tēlam un veidolam.

Pirms mūsu Kunga Otrās Atnākšanas, Varenā Svētnīca kalpos par Evaņģēlija izplatīšanas pēdējās fāzes centru visā pasaulē. Papildus tam, Dievs teica „Manmin", ka, kad pienāks laiks sākt Varenās Svētnīcas būvniecību, Viņš pievedīs bagātus un spēcīgus šīs zemes ķēniņus, kuri palīdzēs veikt būvniecību.

No šīs draudzes dibināšanas laika Dievs parādīja atklāsmēs pravietojumus par pēdējām dienām un Viņa prātu priekš Centrālās „Manmin" draudzes. Līdz pat šai dienai Viņš turpina parādīt aizvien pieaugošu spēku un pildīt Savu Vārdu. Pats Dievs vada „Manmin" draudzi visu tās vēstures laiku, lai piepildītu Savu nodomu. Vēl vairāk, līdz Kunga Otrajai Atnākšanai, Dievs vadīs mūs, lai pildītu visus uzdevumus, kurus Viņš nolicis mūsu priekšā, lai parādītu Kunga godību visai pasaulei.

Jāņa Evaņģēlijā, 14:11, Jēzus mums saka: „Ticiet Man, ka Es esmu Tēvā un Tēvs ir Manī, bet, ja ne, tad vismaz šo darbu dēļ ticiet!" 5. Mozus 18:22, atrodam sekojošo: „tad zini, ja pravietis runās Tā Kunga Vārdā, bet pravietojums nepiepildās un nekļūst īstenība, tad tas ir vārds, ko Tas Kungs nav runājis, pravietis to ir teicis savā pārgalvībā, tāpēc nebīstieties no viņa." Ceru, jūs sapratīsiet Dieva prātu pateicoties spēkam un pravietojumiem, kas parādīti atklāsmēs un piepildījušies Centrālajā „Manmin" draudzē.

Lai piepildītu Savu gribu pēdējās dienās Dievs nedeva Centrālajai „Manmin" draudzei atmodu un spēku vienā stundā. Viņš mācīja un trenēja mūs vairāk kā divdesmit gadus. Kā pie uzkāpšanas stāvā virsotnē, kā pie peldēšanas buru laivā vētrainā jūrā. Viņš atkal un atkal veda mūs caur pārbaudījumiem, un tie, kas izturēja stiprā ticībā šo eksāmenu kļuva sagatavoti trauki, derīgi un spējīgi veikt misijas darbu priekš visas pasaules.

Tas skar katru. Ticība, ar kuru ieiet Jaunajā Jeruzalemē nenoformējas dienas laikā; jābūt modriem un jābūt gataviem tai dienai, kad atnāks Kungs. Sagraujiet grēka sienu un ar nemainīgu, kvēlu ticību tiecaties uz Debesīm. Redzot jūsu dedzīgo tiekšanos, Dievs, neapšaubāmi, svētīs jūsu dvēseli, dāvās tai sekmes, atbildes uz visām jūsu vajadzībām un sirds vēlmēm. Dievs dos jums garīgās spējas un varu, ar kurām jūs kalposiet Viņam, kā vērtīgs trauks, izpildot Viņa gribu pēdējās dienās.

Lai stiprinās katrs savā ticībā līdz Kunga atnākšanai! Lūdzaties, lai mēs satiktos Debesīs Jaunajā Jeruzalemē, Mūsu Kunga Jēzus Kristus vārdā!

Par autoru
Dr. Džejs Roks Lī

Doktors Džejs Roks Lī dzimis Muanā (Džeonnas provincē, Korejas Republikā) 1943. gadā. Divdesmit gadu vecumā mācītājam dr. Lī bija diagnosticētas vesela rinda nedziedināmu slimību. Septiņus ilgus gadus viņš cieta no slimībām un gaidīja nāvi, pat necerot uz izveseļošanos. Bet 1974. gada pavasarī, atrodoties baznīcā, kur viņu atveda māsa, kas vēlējās lūgties par brāļa atveseļošanos, viņš piepeši ieguva Dieva dziedināšanu no visām slimībām.

Tajā pašā momentā mācītājs dr. Džejs Roks Lī satika Dzīvo Dievu, iemīlēja Viņu ar visu sirdi un dvēseli, bet 1978. gadā saņēma aicinājumu kalpošanai Dievam. Viņš bieži lūdzās par pilnīgu Vārda izpratni un Dieva gribas pildīšanu, pilnībā sekojot Viņa Vārdam. 1982. gadā viņš dibināja „Manmin Džunangas" draudzi Seulā (Dienvidkoreja), kurā notika daudz brīnumu un dziedināšanu.

1986 g. dr. Lī tika svaidīts par mācītāju Ikgadējā Jēzus Sunkijulas draudzes asamblejā (Koreja), bet pēc četriem gadiem viņa svētrunas sāka translēt Tālo Austrumu plaši vēstījošā kompānija, Āzijas teleradio kompānija un Vašingtonas kristīgā radio kompānija Austrālijā, Krievijā, Filipīnās un citās valstīs. Vēl pēc trīs gadiem 1993. g. Manmin draudze iegāja „piecdesmit pasaules vadošo draudžu" sarakstā, kuru publicēja „Christion World" žurnāls (ASV). 1996. g. viņš saņēma filozofijas doktora pakāpi kalpošanā teoloģiskajā seminārā „Kingsuei" Aiovā (ASV).

1993. g. mācītājs dr. Lī vada evaņģelizācijas kalpošanas ASV, Tanzānijā,

Argentīnā, Ugandā, Japānā, Pakistānā, Kenijā, Filipīnās, Hondurasā, Indijā, Krievijā, Vācijā un Peru. 2002. gadā par evaņģelizācijas kalpošanu aiz robežām, lielāko kristīgo avīžu redakcijas Dienvidkorejā nosauca viņu par „vispasaules mācītāju."

2008. gada aprīlī Centrālā „Manmin" draudzē bija vairāk kā 100 tūkstoši draudzes locekļi un 7 800 pulcēšanās vietas Korejā un citās pasaules valstīs, tā izsūtījusi vairāk par 126 misionāriem uz 25 valstīm, tajā skaitā ASV, Krieviju, Vāciju, Kanādu, Japānu, Ķīnu, Franciju, Indiju, Keniju un daudzām citām.

Uz šo dienu mācītājs dr. Lī ir 51 grāmatas autors, ieskaitot tādus bestsellerus kā „Atklāsme par mūžīgo dzīvi uz nāves siekšņa", „Vārds par Krustu", „Debesis IunII", un „Elle", viņa darbi tulkoti vairāk kā 25 valodās.

Šajā momentā mācītājs dr. Lī ir daudzu misiju un asociāciju vadītājs, tajā skaitā Apvienotās Korejas svētuma baznīcas priekšsēdētājs, Vispasaules Manmin misijas prezidents, Manmin TV dibinātājs, padomes „Globālais Kristīgais tīkls" (GKT) dibinātājs un priekšsēdētājs „Vispasaules kristīgo ārstu tīkla" (VKĀT) dibinātājs, un priekšsēdētājs Starptautiskajam Manmin semināram (SMS).

Debesis I un II

Precīzs apraksts par lieliskajiem apstākļiem, kuros dzīvo Debesu pilsoņi, spilgts apraksts par dažādu Debesu līmeņu valstībām.

Atklāsmes par mūžīgo dzīvi uz nāves sliekšņa

Personīgās dr. Džeja Roka Lī atmiņas – liecības, kurš bija piedzimis no Augšienes un glābts, ejot caur nāves ēnas ieleju, un no tā laika parāda ideālu piemēru tam, kā vajadzētu dzīvot kristietim.

Elle

Nopietns vēstījums cilvēcei no Dieva, Kurš negrib, lai pat viena dvēsele atrastos elles dzelmē! Jūs atklāsiet sev līdz šim nezināmas lietas par nežēlīgo zemāko kapu un elles realitāti.

Mana Dzīve, Mana Ticība I un II

Dzīve, kas uzplauka pateicoties ne ar ko nesalīdzināmai Dieva mīlestībai, drūmu viļņu vidū, zem nastas smaguma un dziļa izmisuma un izplata pašu labāko garīgo aromātu.

Ticības mērs

Kādas mājvietas un kādi vainagi un balvas sagatavotas mums Debesīs? Šī grāmata satur gudrību un pamācības, kas nepieciešamas tam, lai izmērītu savu ticību un izaudzētu to līdz pilnīga brieduma mēram.

Milton Keynes UK
Ingram Content Group UK Ltd.
UKHW021817010124
435297UK00016B/834